Literatur *und* Medien

Literatur *und* Medien

Herausgegeben von Volker Wehdeking

Band 3

Die Entwicklung des Genres Antiutopie

Aldous Huxley, Margaret Atwood, Scott McBain und der Film "Das Leben der Anderen"

von

Julia Hachtel

Tectum Verlag

Julia Hachtel

Die Entwicklung des Genres Antiutopie.
Aldous Huxley, Margaret Atwood, Scott McBain und der Film "Das Leben der Anderen"

Literatur und Medien; Band 3

ISBN: 978-3-8288-9397-9

Besuchen Sie uns im Internet
www.tectum-verlag.de

Bibliografische Informationen der Deutschen Nationalbibliothek
Die Deutsche Nationalbibliothek verzeichnet diese Publikation in der Deutschen Nationalbibliografie; detaillierte bibliografische Angaben sind im Internet über http://dnb.ddb.de abrufbar.

Vorwort

Die aktuelle Gegenüberstellung von ‚Klassikern' der Anti-Utopie wie Orwells *1984* mit dem dystopischen Drehbuch und Film Florian Henckel von Donnersmarcks, *Das Leben der Anderen* über den Stasi-Staat kurz vor seinem Ende und Scott McBains Mystery-Thriller *Der Mastercode* über eine die Menschheit in totaler Überwachung durch einen Zentralcomputer in Herren und Sklaven teilende Web-Weltherrschaft ohne jede Privatsphäre und ohne ethisch-politische Steuerungsmöglichkeiten ergibt einen faszinierenden Querblick in der Ära von Filmen wie *Matrix,* die den düsteren Trend auf populärer Ebene signalisieren.

Ein auf den ersten Blick dem Zerbrechen und Standhalten von Menschen unter dem Druck der Stasi zur DDR-Zeit der Erstarrung gegenüber *glasnost* und *perestroika* gewidmeter Polit-Thriller erweist sich auf den zweiten Blick als ein besonders nah an den Anliegen der Literatur und Kunst heranführendes Psycho-Drama. Subtil wird aus der Psyche der Hauptfiguren in verschiedener Motivation der innere Normen-Konflikt unterdrückter Literatur und Kunst und deren inhärente Disposition zur Freiheit durch die skandalösen (weil hier nicht nur ideologisch, sondern auch aus Machtmissbrauch zugunsten der sexueller Wünsche eines Ministers der Kulturabteilung des ZK motivierten) Menschenrechtsverletzungen der Stasi greifbar, die dabei über Leichen geht. Der Theater-Regisseur, der sich, weil in einem inoffiziellem „Berufsverbot" seit Jahren kaltgestellt, das Leben nimmt, die Schauspielerin, die unter Druck gesetzt, vermeintlich einen Schriftsteller im Widerstand, ihren geliebten Lebenspartner, verrät und, in zunehmendem Verlust ihrer Selbstachtung nach den Pressionen des Ministers verzweifelt vor ein Auto läuft, sind die Opfer. Von daher wird deutlich, dass dieser Film von Donnersmarcks auch ein Kontext-Film von Literatur, nämlich eminent literarischer Themen ist. Gelungen ist die ungewöhnliche Verbreitung dieser Themen vor einem allein in Deutschland auf 1,5 Millionen Zuschauer sich belaufenden Publikum, ungeachtet der Genre-Qualität eines „kleinen Films" mit beschränktem, nicht zum großen Produktionsetat (statt einem Großpanorama mit vielen Special Effects, Darstellern und einem zum internationalem Starcast) disponierten Budget.

Die handfeste Spannungsregie und die Einbettung in das Genre des Thrillers vermögen noch eine viel breitere Zielgruppe zu erreichen, die bürgerliche Mitte, die Konservativen, die Etablierten, die Experimentellen und Postmateriellen, durch das Filmmedium natürlich auch die Hedonisten pluraler Diskurse.

Die postmoderne Genre-Mischung aus Politthriller und Liebesmelodram, klug differenziertem Gewissensdrama und der Zeitsignatur der späten DDR als Gesellschaftsporträt stellt als Film in den Mittelpunkt neben den großen Darstellerleistungen von Martina Gedeck und Sebastian Koch vor allem das „kleine, graue Männchen" Gerd Wiesler, wie ihn der tragisch früh verstorbene Ulrich Mühe meisterhaft nuanciert, denn der Regisseur kann sich in „diesen spröden, stillen, unscheinbaren Beamten" einfühlen, der eine kleine DDR-Künstler-Bohème beobachtet und belauscht und sich dabei langsam infiziert mit dem Geist der Dissidenz." Die meisten Rezensionen haben erkannt, dass es dabei auch um die bedrückenden Details der Überwachungs-Maßnahmen geht, also auch um ein Medienthema.

Damit sind wir noch einmal beim Thema der Literatur. Die postmoderne Metafiktion der Entstehung eines Widerstands-Berichts über die DDR-Selbstmorde und die Entstehung eines Romans im Filmdrama, mit dem Titel „Die Sonate vom Guten Menschen" im gelungenen Genre-Mix des Drehbuchs zeigen die Kontext-Qualität dieses Films zu Anliegen der Literatur. Es geht um die nicht manipulierte, bei allen Heterotopien soziopolitischen Umfelds behauptete Gesinnungsfreiheit ohne Pressionen und Zensur. Das Trauma der DDR-Bürger kommt zur Wirkung, die unter Macht und Ohnmacht der repressiven Partei-Diktatur im Orwell-Staat zu leiden hatten. Das macht bereits die Wahl der erzählten Zeit mit dem Datum 1984 in seiner Anspielung auf den Orwell-Titel deutlich (der wiederum die dystopischen Gefühle der Nachkriegszeit im umgedrehten Datum von 1948 meinte). Im Raum von Albert Jerska, der an seinem siebenjährigen Kaltgestelltwerden ohne Wirkungsmöglichkeiten als einst berühmter Regisseur zerbricht, wird das bildungsbürgerliche Potential der Aufklärung und des freien Wortes anhand Donnersmarcks Beschreibung seiner Wohnung in der Regieanweisung deutlich: ein großer Raum, „der auf beiden Längsseiten, die von Tür zum Fenster führen, bis zur Decke vollgestellt ist mit Büchern. Der Raum hat etwas von Fausts Studierstube" (LA, S. 45). Kunst und Literatur sind die Gegengewichte zur Ideologie der Unterdrückung.

Des Schotten Scott McBains dystopischer Thriller, 2005 mit dem aufs Dritte Reich anspielenden Titel „Final Solution" in London erschienen, trägt ebenfalls Orwell'sche Züge im fast verlorenen Kampf weniger anständiger Menschen gegen korrupte Politiker und Superreiche (Oswald Plevy), die sich im Computerzeitalter über die zentrale Registrierung aller im Computer „Mother" eine zweidimensionale Schichten-Gesellschaft zu ihrem Vorteil schaffen wollen. Nur ein einsamer Zimmermann in Finnland, der alles voraussah, seine Tochter Pia und der integre Vorstandsvorsitzende von „Mother", Lars Pedersen, sowie die amerikanische Präsidentin können die Katastrophe in letzter Minute verhindern. Die deutlichen Schwächen in der klischee-nahen Charakterzeichnung macht McBain durch Handlungsdichte und Spannungsregie in vielem wett. Die Aktualität des Themas (gespiegelt in der *Matrix*-Filmserie) gibt der gesamten Zusammenschau in dieser originellen Diplomarbeit ihren Reiz.

Stuttgart, im August 2007

Volker Wehdeking

Inhaltsverzeichnis

Der Glaube an eine größere und bessere Zukunft ist einer der mächtigsten Feinde gegenwärtiger Freiheit. [1]
(Aldous Huxley)

---

1 Huxley, Aldous: Wissenschaft, Freiheit und Frieden/ Aus d. Engl. übers. v. H. E. Herlitschka. - Zürich, Steinberg, 1947

1 Einleitung

Seit der industriellen Revolution gibt es Autoren, die ihre Zukunftsvisionen in antiutopischer Form zum Ausdruck bringen um die Leser zum Nachdenken und Hinterfragen zu bewegen. Außerdem war und ist dies eine willkommene Möglichkeit, Kritik an bestehenden Verhältnissen zu äußern, ohne diese direkt benennen zu müssen.

Heutzutage scheint man in den westlichen Industrienationen weit, weit weg von den Horrorvorstellungen der meisten Antiutopien zu sein. Dennoch ist es wichtig die selbst-verständlichen Gewohnheiten in unserem „unbeschwerten" Leben einmal zu überdenken. Sei es nur um das Glück zu verspüren nicht in einem unterdrückenden Staat leben zu müssen und die Augen offen zu halten, dass so etwas nie passiert. Ein großer Teil Deutschlands lebt erst seit weniger als zwei Jahrzehnten in solchen Verhältnissen. Sieht man über den Tellerrand hinaus, sind gegenwärtig viele real existierende Paradebeispiele von totalitären Regierungssystemen zu erkennen, die repressive soziale Kontrolle und Unterdrückung ausüben, wie sie beispielhafter in antiutopischer Romanform nicht sein könnten. Außerdem sind wir auch in der heutigen Zeit mindestens soweit von einem utopisch perfekten Staatsgebilde und Gesellschaftsform entfernt wie frühere Zeitgenossen. Die frühen Klassiker der antiutopischen Literatur, namentlich *Wir*[2] von Jewgeni Iwanowitsch Samjatin (1920), *Schöne neue Welt*[3] von Aldous Huxley (1932) und *1984*[4] von Georg Orwell (1949) sind zudem an Schulen schon längst Pflichtlektüre geworden.

Die Verfilmung solcher Werke hat in den letzten Jahren zugenommen. Filme wie *Brazil, Die Insel, Minority Report; Aeon Flux, die Matrix-Triologie* oder die Neuverfilmung von *V wie Vendetta* sind nur einige Beispiele von ganz unterschiedlichen antiutopischen Verfilmungen.

An drei ausgewählten Literaturbeispielen soll in dieser Arbeit die Weiterentwicklung der antiutopischen Literatur aus verschiedenen Zeiten und Blickwinkeln erforscht werden. Außer dem antiutopischem The-

---

2 Samjatin, Jewgenij: *Wir. Roman/* Mit einem Nachwort von Jürgen Rühle.- 9. Aufl.- Köln: Kiepenheuer & Witsch, 2006 (KIWI 49)

3 Huxley, Aldous: *Schöne neue Welt. Roman. (Brave new World, 1932. Übers. von Herberth E. Herlitschka)*- 62. Aufl.- Frankfurt am M.: Fischer Taschenbuch Verl., 2005 [1932; 1949; 1953; 1981]

4 Orwell, George: *1984*.- 1021.- 1120- Tsd.- Ungekürzte Ausg.- Frankfurt am M.; Berlin; Wien: Ullstein, 1976.

ma und der angloamerikanischen Herkunft, haben die drei Romane auf den ersten Blick nur wenig gemeinsam. Interessant für mich ist die Beleuchtung von antiutopischen Zukunftsromanen im Abstand von mehreren Jahrzehnten. So wird der Klassiker *Schöne neue Welt* von 1932 mit dem Roman *Der Report der Magd* [5]von Margaret Atwood aus dem Jahre 1985 und mit einem aktuellen Exemplar von 2005, *Der Mastercode*[6] von Scott McBain, verglichen. Genauer analysiert werden soll auch der zeitgeschichtliche Hintergrund. Welche Gesichtspunkte bewegten einen Autor der 30er- Jahre eine Antiutopie zu schreiben im Vergleich mit den Zukunftsängsten eines Autors aus den 80ern oder aus der Gegenwart? Gibt es mehr Unterschiede oder mehr Gemeinsamkeiten? Sind die Zukunftsängste aus dem Jahre 1932 heute noch ebenso erschreckend oder kann man die Befürchtungen Scott McBains vor der Beherrschung der Gesellschaft durch den Materialismus besser nachvollziehen? Ebenso untersucht werden soll, welche Entwicklungen der Romane tatsächlich eingetreten sind oder zumindest den Trend dahin erkennen lassen. Als Kontrast zu den drei antiutopischen Romanen bildet der hinzugezogene deutsche Film *Das Leben der Anderen*[7] von Florian Henckel von Donnersmarck. Thematisiert wird in dem Film auf den ersten Blick kein antiutopisches Thema im klassischen Sinne, das heißt in einer möglichen Zukunft, sondern es behandelt ein bereits vergangenes diktatorisches System, die DDR. Die Hauptmotive der staatlichen Unterdrückung und Manipulation, die soziale Kontrolle und die stark eingeschränkten Persönlichkeitsrechte der Bevölkerung reihen sich nahtlos in die Exemplare der anti- utopischen Literatur ein. Somit könnte der Inhalt des Films als eine „einst real existierende, bereits vergangene Antiutopie" bezeichnet werden. Der Bezug zur Realität, der oft zur fantastischen Literatur zugeordneten Gattung, wird somit historisch untermauert. Des Weiteren wurde bisher noch keine längere Filmbesprechung als eigenständiger Quervergleich zu Romanen hinzugezogen, sondern höchstens auf die Verfilmung einer der Literaturvorlagen eingegangen.

Um die Begriffe „Utopie" und „Antiutopie" klar zu definieren und exakt verwenden zu können, erfolgt im ersten Kapitel zunächst die Definition und Herkunft der Begriffe. Im zweiten Kapitel wird in Kurzform

---

5 Atwood, Margaret: *Der Report der Magd. Roman. (The Handmaid's Tale, 1985. Dt. von Helga Pfetsch)*- 4. Aufl.- Düsseldorf (jetzt Hildesheim): Claassen Verlag, 1998

6 McBain, Scott: *Der Mastercode. Thriller* – Dt. Erstausg.- München: Knaur, 2005

7 Das Leben der Anderen (2005, D; Regie, Buch: Florian Henckel von Donnersmarck. Buena Vista)

eine geschichtliche, chronologische Übersicht geboten und dabei auf die wichtigsten Klassiker der vergangen Jahrhunderte eingegangen. Im dritten Kapitel werden chronologisch nach Erscheinungsjahr die vier Werke vorgestellt. Um eine Vergleichbarkeit der Ergebnisse zu gewährleisten, wird bei allen drei Romanen jeweils die gleiche Methodik angewandt. Allerdings werden, um den Rahmen der Arbeit nicht zu sprengen, die Romane unter Berücksichtigung ihrer Gewichtung in der Literatur, bewertet. Das bedeutet, dass auf den Roman *Der Mastercode* von Scott McBain, im Vergleich zu Huxleys Werk nur verkürzt eingegangen wird. Vielmehr wird das Buch nur als Indiz für die aktuelle Entwicklung des antiutopischen Romans herangezogen. Der Film *Das Leben der Anderen* wird unter Berücksichtigung der formalen Unterschiede des Mediums Film ebenfalls der gleichen Art von Analyse, in verkürzter Form, unterzogen.

Um das Verständnis der Romane zu erhöhen, erfolgt eine Beschreibung über das Leben und Werk der Autoren. Des Weiteren wird nach der jeweiligen Inhaltsübersicht auf die gleiche Hauptthematik der Romane, also auf Politik, Gesellschaft, Religion und dem Alltagsleben der Bevölkerung eingegangen. Sollte in einem der Romane ein weiteres Thema im Vordergrund stehen, wird dieses ebenfalls behandelt, bzw. sollte eines der oben genannten Hauptthemen bei einem der Romane gar keine Rolle spielen, wird es zwangsweise nicht vordergründig analysiert. Zur Vollständigkeit und um den zeit-geschichtlichen Hintergrund zu unterstreichen, werden auch Rezensionen der Werke aus der damaligen, gegebenenfalls aus heutiger Sicht eingebunden. Exemplarisch wird zusätzlich die Verfilmung eines der Romane, *Der Report der Magd,* der unter dem Titel *Die Geschichte einer Dienerin*[8] von Volker Schlöndorff verfilmt wurde, beschrieben.

Im Anschluss daran soll ein Quervergleich der vier Werke deren Unterschiede und Gemeinsamkeiten verdeutlichen. Gleichzeitig werden die Eingangsfragen diskutiert, bzw. sofern möglich beantwortet.

Zum Thema Antiutopie gibt es eine umfangreiche Sekundärliteratur. Die meisten Studien sind jedoch älter und aktuelle Arbeiten sind fast gar nicht auf dem Markt. Auch inhaltlich thematisieren und beziehen sich fast alle Studien auf utopische bzw. antiutopische Literatur bis in die 50er-Jahre des 20. Jahrhunderts. Über den Klassiker *Schöne neue Welt* ist selbsterklärend zahlreiche Sekundärliteratur zu finden. Huxleys Werk ist ein Longseller und heute ebenso beliebt wie vor 60 Jah-

---

8 Die Geschichte der Dienerin (1989, USA; Regie: Volker Schlöndorff; Drehbuch von Harold Pinter; Daniel Wilson Prod)

ren. Die mir als wichtigsten Quellen erschienenen Werke habe ich bei der passenden Thematik zitiert. Frühere Rezensionen zu seinem Werk und Atwoods *Der Report der Magd,* aus Zeitungsartikeln waren Dank des „Rezensionen per Post"-Dienstes der StuLB Dortmund schnell erlangt. Auch *Der Report der Magd* zählt mehr und mehr zu den Klassikern der modernen antiutopischen Literatur, in der Fach-presse sind vereinzelte Auseinandersetzungen mit diesem Buch zu finden. Schwierigkeiten treten jedoch bei Scott McBains, *Der Mastercode,* auf. Es ist zwar der aktuellste der Romane, allerdings auch der Unbekannteste und außer Leser-Rezensionen in Literaturforen war hier wenig Material zu finden. *Das Leben der Anderen* war dank seiner Aktualität, im Internet und in den aktuellen Zeitungsfeuilletons häufig vertreten. Eine Vielzahl von Sekundärliteratur aus unterschiedlichen Bibliotheken half mir für den Gesamtüberblick, deren Auflistung am Schluss der Arbeit zu finden ist.

2 Entwicklung des utopischen und antiutopischen Romans

2.1 Definition

Der Begriff Antiutopie ist als Gegenbegriff zu dem auf Thomas Morus zurückgehenden Begriff Utopia entstanden. Utopie[9] bezeichnet eine „literarische Denkform, in der Aufbau und Funktionieren idealer Gesellschaften und Staatsverfassungen eines räumlich und/oder zeitlich entrückten Orts,..., konstruiert werden".[10] Utopien beschreiben somit einen erwünschten Ort, in der Zukunft, indem die bestehenden Missstände der Gegenwart überwunden wurden und eine funktionierende Staatsform vorherrscht. Die literarische Gattung der utopischen Literatur tritt meistens im utopischen Roman oder auch utopischen Staatsroman auf. Dessen Wesensmerkmal, ist das Konzept einer funktionierenden Staats- und Gesellschaftsform in einer nahe liegenden oder noch weit entfernten Zukunft. Deren mögliche Umsetzbarkeit bildet den Unterschied zu einem Märchen oder zur Science- Fiction Literatur, die u. a. mit aus der Utopie hervorgegangen ist. Steht deren Realisierbarkeit im Vordergrund spricht man auch von einer „konkreten Utopie". Die Abgrenzung zu reinen Parteiprogrammen oder politischen Entwürfen, entsteht durch die fiktionalen Elemente. Ein utopischer Roman ist immer in eine erfundene Geschichte eingebaut. Utopien sind immer im Bezug auf die, als mangelhaft empfundene, Gegenwart entworfen worden. Allerdings sind diese Vorstellungen nicht bloße Träumereien sondern „Gehorchen einem sozialen Auftrag, einer unterdrückten oder erst sich anbahnende Tendenz der bevorstehenden gesellschaftlichen Stufe"[11]. Die gleiche Absicht verfolgt die Antiutopie, allerdings verwandelt diese die Zukunftsvorstellung in eine negative Form und dienen somit der Abschreckung. Der Hauptdiskussionspunkt aller Utopien, sowie Antiutopien ist das Gleichgewicht zwischen Freiheit des Einzelnen und die Gleichheit aller. Das erstrebenswerte Gleichheitsprinzip, zur Sicherung des glücklichen Lebens aller Menschen, kann andererseits auch die Beschränkung der Selbstentfaltung des

---

9 Griechisch: „Nicht- Ort"

10 *~Der~ Brockhaus von A- Z: in drei Bänden.*/ F. A. Brockhaus GmbH- Augsburg: Weltbild, 2000. Bd. 3: S. 441

11 Vgl. Gnüg, Hiltrud: *Der utopische Roman: Eine Einführung*.- München: Artemis Verl., 1983, S. 12. Zit. n. Ernst Bloch: Das Prinzip Hoffnung (556)

Einzelnen bedeuten. Den Weg der goldenen Mitte, also das Glück des Individuums mit dem Gemeinwohl zu vereinen, gilt es zu erfinden.

2.2 Entstehung und Entwicklung

Als ersten utopischen Staatsroman wird heute *Politeia* von Platon (4. Jhr. V. Chr.) bezeichnet, es handelt sich um den Versuch das Modell einer gerechten Gesellschaft zu

erstellen. Sein Idealstaat teilt die menschliche Gesellschaft in drei Kasten ein: den regierenden Lehrstand der Philosophen, den Wehrstand, bestehend aus Befehlen befolgenden Wächtern und der Güter produzierenden arbeitenden Gesellschaft, dem so genannten Nährstand. Die hierarchische Einteilung der Menschen wird durch deren Geburt und genetischen Vorgaben bestimmt.

Durch die Reisen des Kolumbus und anderen Seefahrern und die damit verbundenen Wunschvorstellungen von noch völlig neuen unentdeckten Gebieten entstanden, ab dem 16. Jahrhundert die ersten Reise- und Inselutopien. Thomas Morus entwarf 1516 den Roman *Utopia,* indem er das Staatsmodell des Inselvolkes, den Utopiern entwirft, dort wurde Privateigentum und Geldwirtschaft abgeschafft. Im Unterschied zur *Politeia* haben die Utopier die Wahl, welches Handwerk sie erlernen möchten und jegliche Arbeit wird, nach dem Gleichheitsprinzip, gerecht unter allen Mitgliedern des Inselstaates aufgeteilt. Allerdings bleibt dem umfassend in der Gemeinschaft eingespannten Utopier, keinerlei Privatbereich oder Möglichkeit zur individuellen Entfaltung, seine komplette Zeiteinteilung ist vorprogrammiert. Weitere spätere Inselutopien wurden in den Romanen *Gullivers Reisen* (1726) von Jonathan Swift und *Aline und Valcour* (1795) von Marquis de Sade thematisiert.

Die Theorie von Kopernikus bezüglich des heliozentrischen Weltsystems motivierte Schriftsteller zu neuen Fantasie-Welten, in denen sie Gesellschaftsformen auf fremden Planeten ansiedeln. Die so genannten Mond- bzw. Planetenutopie waren geboren. Die Lunarier oder sonstigen Mond- und Plantenbewohner boten eine geschickte Möglichkeit eine bessere Gesellschaftsform aufzuzeigen und bestehende Kritikpunkte des Erdenlebens darzustellen. So kritisiert ein Erdenmensch, der seine Nachbarn auf dem Mond besucht in *Die Reise zu den Mondstaaten und Sonnenreichen (L`autre Monde ou les Etats et Empires da la Lune)* von Cyrano de Bergerac, die negativen Zustände der damaligen Regierung. Auch Voltaire nutzt 1752 die Möglichkeit, in seiner Erzählung *Micromegas,* die damalige kritische Gesellschaftssituation mit den

Augen von außerirdischen Bewohnern des Sirius und Saturn, zu sehen. Die erste so genannte Zeitutopie, als Abgrenzung zu Ortsutopie, wurde von Louis-Sebastian Mercier geschrieben. Sein Roman *Das Jahr 2440. Ein Traum aller Träume (L án deux mille quatre cent quarante. Reve síl en fut jamais)* von 1771 spielt im konkreten Jahr 2440 n. Chr. Die Utopie ist somit nicht mehr einfach an einen anderen Ort verlegt, sondern in eine ferne Zukunft, als konkrete Weiterentwicklung der Gegenwart. Als Fremdling in dieser entfernten Zukunft dient ein Zeitreisender aus dem 17. Jahrhundert, der auf wundersame Weise im 25. Jahrhundert aufwacht. Dieser Zukunftsbesucher hat die Möglichkeit das Paris von 1771 mit dem des Jahres 2440 direkt zu vergleichen und entdeckt, dass für so gut wie alle Missstände der Vergangenheit in der Zukunft eine Lösung gefunden wurde. Die Ideale der Aufklärung sind verwirklicht worden und die in den Augen Merciers perfekte Staatsform, die konstitutionelle Monarchie nach dem Vorbild Englands, wurde eingeführt.

Vor dem Hintergrund der beginnenden Industrialisierung in Großbritannien und der damit verbundenen Massenarbeitslosigkeit und Ausbeutung der Arbeiterklasse, motivierte dies zu Sozialutopien, wie *der geschlossene Handelsstaat* von Fichte. Ein wichtiges Beispiel dieser Zeit ist *Die Reise nach Ikarien* (*Voyage en Icarie* 1839) von Etienne Cabet. Es handelt sich um einen utopischen Staatsroman mit kommunistischen Grundsätzen. Aufgebaut als Reisebericht, staunt der Besucher Ikariens, über den sozialistischen Gleichheits- und Gerechtigkeitsstaat. Durch Technologie und Fortschritt, sowie durchorganisierte Planwirtschaft, besitzt in Ikarien jeder Wohlstand und einen hohen Lebensstandard. Cabets Fortschrittoptimismus zielt vorrangig auf die Entlastung des arbeitenden Menschen hin, für fast alle Lebensbereiche, z. B. Landwirtschaft, Bekleidungsindustrie, Krankenhäusern wurden Maschinen zur Arbeitserleichterung geschaffen.

Über hundert Jahre nach Mercier wurden die Zeitutopien wieder aufgegriffen. Edward Bellamys Roman *Looking Backward: 2000-1887* erschien im Jahre 1888. Gleich wie bei Mercier, wird ein Bewohner des Jahres 1888 durch hypnotischen Schlaf nach Amerika des Jahres 2000 versetzt. Die Technologie hat sich kolossal weiterentwickelt. Eine große Verteilungsmaschine, zu der jeder Bürger Zugang hat, ersetzt Ladengeschäfte und den Einzelhandel. Geld wurde abgeschafft und die Arbeitszeiten an die Beliebtheit der Tätigkeit angeglichen. Ein weiterer wichtiger Roman dieser Gattung ist die Utopie von William Morris *News from Nowhere*, erschienen 1890. Diesmal wacht der schlafende Zeitreisende 200 Jahre später in London auf. Im Gegensatz zu Cabet und Bellarmy, in der gigantische Einheitsmaschinen das Leben vereinfachen, kehrt bei William Morris das Leben im zukünftigen London zur handwerklichen Arbeit zurück.

Die berühmtesten Zeitreisen von Herbert Georg Wells, *Die Zeitmaschine (The time machine)* von 1895 und *Wenn der Schläfer erwacht (When the sleeper wakes,* 1906*)* deuten bereits auf ein pessimistisches Zukunftsbild hin, indem die Menschen geistig und sozial so zurückgebildet sind, dass viele Handlungsweisen, an die von Tieren, wie etwa der Kannibalismus, erinnern. Im Zeitalter der industriellen Revolution endete der Fortschrittsoptimismus und immer mehr Gegenstimmen der technischen und naturwissenschaftlichen Entwicklungen wurden laut. Somit entstanden die ersten negative Staatsutopien oder auch Antiutopien. Eine der wichtigsten frühen Antiutopien ist der 1920 entstandene Roman *Wir* von dem russischen Autor Jewgeni Samjatin. Der Roman schildert in Form von Tagebucheintragungen eines Raumschiffkonstrukteurs, der vom „Einzigen Staat" zunächst begeistert ist und erst nach und nach die Nachteile begreift. Bei dem Staatsgebilde, welches aus einem 200-jährigen Krieg hervorgegangen ist, handelt es sich um einen Überwachungsstaat. Den Bewohnern wird das Fantasiezentrum im Gehirn entfernt, ihr Tagesablauf ist bis ins kleinste durchgeplant und sie werden durch ihre Häuser mit Glaswänden von „Beschützern" Tag und Nacht überwacht.

Der Roman gilt gemeinhin als Vorläufer der beiden antiutopischen Klassiker *Schöne neue Welt* von Aldous Huxley (1932) und *1984* von Georg Orwell (1949). Weiterhin beeinflusst wurden die beiden Romane durch die Schrecken des ersten Weltkrieges und des Monopolkapitalismus in den USA, der zur Weltwirtschaftskrise führte. Auch die Welt von *1984* entstand nach einem Krieg, dem Dritten Weltkrieg, drei Supermächte teilen sich alle Gebiete untereinander auf und führen zum Schein wechselnde Kriege gegeneinander um die Bevölkerung von der innenpolitischen Gewaltherrschaft und Unterdrückungspolitik abzulenken. Einhergehend mit Abschreckung erfolgt eine Totalüberwachung und Manipulation der Sprache. Viele nachfolgende Autoren orientierten sich an diesen Klassikern, wie *Und neues Leben blüht aus den Ruinen (Love Among the Ruins. A Romance of the Near Future,* 1953*)* von Evelyn Waugh. Er thematisiert wie Huxley die Übergriffe der Forschung auf den Menschen und kritisiert den Wohlfahrtsstaat. Stanislaw Lem entwirft in *Memoiren in der Badewanne* von 1961 einen an Orwell erinnernden Polizeistaat, der mit Spitzeln arbeitet und die Bevölkerung lenkt.

Ray Bradburys Roman *Fahrenheit 451* aus dem Jahr 1953 steht ebenfalls in der Tradition der Klassiker, eine technisch-perfekte Zukunftswelt mit Fernsehwänden, Fließband- Straßenverkehr, Robotern etc., in der es den Menschen verboten ist zu lesen und die Aufgabe der Feuerwehr darin besteht, die noch vorhandene Literatur zu verbrennen.

Den Unterschied sozialer Schichten thematisiert Kurt Vonnegut in seinem Roman *Das höllische System (Player Piano)* von 1952. Das Amerika der Zukunft wird hier von einer kleinen Managerelite regiert, zwei Welten prallen aufeinander, eine völlige automatisierte und computerisierte Oberschicht gegen eine arbeits- und rechtlose Masse.

Seit den 50er-Jahren nahm die Entwicklung des Science-Fiction-Romans mehr und mehr zu und es kam teilweise zu einer Vermischung der beiden Genres. Aber es entstand auch eine andere Art Mischgenre, das den ambivalenten Charakter von antiutopischen und utopischen Eigenschaften besitzt. Der utopische Roman des Verhaltensforschers Burrhus Frederic Skinner, *Walden Two* von 1948, entstand aus seinen Forschungen über die Mög-lichkeiten des menschlichen Zusammenlebens. Er beschreibt eine Gemeinschaft von etwa 1000 Personen, die ihr Leben nach aggressionsfreien und toleranten Idealen aufbauen und

dies mit Hilfe von Rationalität und Konditionierung. Somit wird das Leben der Menschen von außen gesteuert, womit sein System wieder antiutopische Züge aufweist. Auch Ursula LeGuins *Planet der Habenichtse* (*The Dispossessed. An Ambigious Utopia,* 1974*)* besitzt, wie schon der Titel ausdrückt, einen zwiespaltigen Charakter. Sie entwirft nach der vorangegangenen Zerstörung der Erde gleich zwei neue Welten, den von Männern organisierten Planet Urras und den von Frauen beherrschten Mond Anarres. Während die patriarchalistische Welt nur schlechte Eigenschaften vereint, wird der feministisch regierte Mond als glückliche Welt dargestellt. Somit gehört der Roman ebenfalls zur Tradition der seit den 50er Jahren entstandenen feministischen Utopien, in denen es immer einer Frauen regierten Welt gelingt, eine utopische Weltordnung zu erschaffen, wie auch in Joanna Russ's *Planet der Frauen* (*The female man,* 1975). Margaret Atwoods antiutopische Antwort auf eine ursprünglich feministisch gewünschte Welt, die ironischer Weise zum genauen Gegenteil verkehrt wird, ist *Der Report der Magd* von 1985.

Eine weitere Entwicklung bedeutete die von der Technik abgewandten Öko-Utopien. Zu ihnen zählt im Besonderen Ernest Callenbachs *Ökotopia (Ecotopia*) aus dem Jahre 1975. Darin beschreibt er ein Gesellschaftsmodell, in dem alle Bereiche des Lebens im Einklang mit der Natur organisiert sind. Er setzt auf wieder verwendbare Technologien zur Energiegewinnung und beschreibt einen harmonischen, umweltbewussten, biologischen Kreislauf.

Sogar einen Trend zur Selbstreflexion der utopischen Gattung, sozusagen eine Meta- Utopie ist zu erkennen. Zu ihnen gehört das frühe Beispiel Hermann Hesses *das Glasperlenspiel* von 1943, eine kleine Gruppe von Gelehrten lebt in der Provinz Kastalien ein utopisches aber auch weltfremdes, zurückgezogenes und abgehobenes Leben, ohne sich für die wahre Welt zu interessieren.

3 Schöne neue Welt[12]

3.1 Aldous Huxley Leben und Werk

Aldous Leonard Huxley wurde am 26. Juli 1894 als eines von vier Kindern in Godalming, England, geboren. Mütterlicher- wie väterlicherseits waren seine Familienangehörigen Teil der führenden intellektuellen Elite der viktorianischen Ära. Die Familie siedelte 1901 nach Prior´s Field über, wo sein Vater Verlagslektor wurde und seine Mutter Julia Huxley eine eigene Schule gründete. Aldous weiterem Bildungswege stand, dank seiner intellektuellen Eltern, nichts im Wege und bereits 1908 besuchte er das Eton-College. Im Alter von 16 Jahren belegte er am Eton-College einen Biologie-Intensivkurs und strebte ein Medizin- und Naturwissenschaftliches Studium an. Leider machte ihm eine Erkrankung der Augenhornhaut, die ihn fast für ein Jahr lang erblinden ließ, einen Strich durch die Rechnung. 1913 begann Aldous ein Anglistik-Studium am Balliol College in Oxford. Ein weiterer schlimmer Schicksalsschlag für Aldous bedeutete der Tod seines Bruders Trev, der 1914 Selbstmord beging, indem er sich erhängte. Aldous schreibt in einem Brief über ihn „... Gerade das Höchste und Beste in Trev- seine Ideale- haben ihn in den Tod getrieben."[13]. Das tragische Ende Trevs, der an seinen eigenen Ansprüchen und einer zerbrochenen Liebe zugrunde ging, weist fast überdeutlich auf Michels Ende in *Schöne neue Welt* hin.

1919 heiratete Huxley die Belgierin Maria Nys, die ihm 1921 sein einziges Kind Matthew gebar. Im Jahr 1923 schloss Huxley einen Drei-Jahres-Vertrag mit dem Londoner Verlagshaus *Chatto & Windus* ab und verpflichtete sich pro Jahr zwei Bücher zu schreiben. Er blieb diesem Verlag bis an sein Lebensende treu. 1925 brachen Aldous und Maria zu einer Weltreise auf, die sie von Indien über Burma, Indonesien und Japan bis in die USA führte. Insbesondere die Erfahrungen mit der indischen Religion und dem dortigen Leben berührten Aldous sehr.

---

12 Huxley, Aldous: *Schöne neue Welt.* Bezug auf die übersetzte Ausgabe von Herberth E. Herlitschka, der einzigen vom Autor autorisierten Übersetzung, in der einige Örtlichkeiten von England nach Deutschland verlegt wurden, sowie einige Namen verändert wurden. Die Originalausgabe erschien 1932, eine Neuausgabe mit Vorwort von Aldous Huxley 1949.

13 Schumacher, Theo: *Aldous Huxley.* - Reinbeck b. Hamburg: Rowohlt Taschenbuch Verl., 1992, S. 19

„Ein bisschen weniger Spiritualität und die Inder wären jetzt frei- frei von Fremdherrschaft und frei von der Tyrannei ihrer eigenen Vorurteile und Traditionen. Es gäbe weniger Schmutz und mehr zu essen. „[14]Mit ziemlicher Sicherheit hat Huxley das Indianerreservat in *Schöne neue Welt,* mit seinen verrückten Ritualen und hygienischen Mängeln an das Leben in Indien angelehnt. Vielleicht war auch das dortige Kastensystem für die menschliche Klassenaufteilung der „schönen neuen Welt", inspirierend. Huxley und Maria lebten von nun an fast ein Jahrzehnt in Frankreich und Italien, mehrere Romane, u.a, *Point counter point* und *proper studies* entstanden.

1931 schließlich, begann Huxley mit seinem größten Buch, *Schöne neue Welt*[15], welches er innerhalb von vier Monaten beendete.

Nachdem 1933 sein Vater gestorben ist, siedelten Huxley und seine Frau 1937 in die USA über. Aldous schrieb in dieser Zeit zwar viele Romane, u.a. *Affe und Wesen (ape and essence,* 1948), aber keiner wurde so erfolgreich wie *Schöne neue Welt.* 1953 unternahm Aldous Huxley erste persönliche Versuche mit bewusstseinserweiternden Drogen, welche ja ein wesentlicher Bestandteil in der „schönen neuen Welt" sind. Mit seinem Essayband *Brave New World Revisited* [16] griff Huxley noch einmal die Themen aus *Schöne neue Welt* auf und blickte kritisch darauf zurück.

1961 bekam Huxley Zungenkrebs diagnostiziert. Der Roman *Island,* diesmal eine Utopie aus dem Jahre 1962 und sein letztes Buch *Literatur und science* von 1963, erschienen noch vor seinem Tod im Jahre 1964.3.

3.2 Inhalt

Die Handlung des Romans spielt in der Zukunft, in einer Zeitrechnung, die sich nicht mehr auf die Geburt Christi bezieht, sondern an den Daten des Automobilherstellers Henry Ford orientiert. Die Bürger benutzen einen Kalender, dessen Zeitrechnung mit dem Jahr 1908, dem Jahr, in dem das Model T von Ford erstmals vom Band lief, beginnt. Der gegenwärtige Zeitraum der Handlung spielt im Jahre 632 nach Ford, was in etwa dem Jahre 2550 entsprechen könnte.

---

14 Schumacher, Theo: Aldous Huxley, S. 36

15 Dt. Titel 1932: Wohin?; 1950: Wackre neue Welt ; ab 1954:; Schöne Neue Welt

16 Huxley, Aldous: Wiedersehen mit der Schönen neuen Welt/ Aus dem Englischen von Herbert E. Herlitschka.- München: Piper, 1987

Die Welt ist in fünf Menschen-Kasten unterteilt, die eine unterschiedlich hohe Rangordnung in der Gesellschaft bekleiden: Alphas, Betas, Gammas, Deltas und Epsilons. Feingliedrig wird noch in jeweils Plus und Minus unterschieden. Schauplatz des ersten Kapitels ist die Brut- und Normenzentrale in Berlin-Dahlem, durch die der Direktor, genannt BUND, gerade eine Gruppe staunender Studenten führt. Zunächst wird ihnen die Aufzucht menschlicher Embryonen demonstriert, Ovarien werden hier in eine Spermaflüssigkeit getaucht und die befruchteten Eier danach in *Brutöfen* gelagert. Während die zukünftigen, beiden oberen menschlichen Kasten, Alphas und Betas, dort in Ruhe reifen können, werden die niederen drei zukünftigen Kasten vorzeitig entnommen und dem so genannten *Bokanowskyverfahren* unterzogen, d. h. sie spalten sich bis zu 96-mal. Danach werden die Embryonen für niedere Kasten durch die Einwirkung von radioaktiver Strahlung, chemischen Substanzen und Sauerstoffentzug so beeinflusst, dass sie später als Erwachsene eine schlechtere physische und vor allem geistige Verfassung haben. Im Anschluss werden der beeindruckten Studentengruppe noch die so genannten *Neo-Paw-lowschen* Normungssälen gezeigt. Hierbei handelt es sich um eine Erziehungsanstalt für Kinder, in der sie entweder durch Schocktherapien oder durch die Methode der so genannten Hypnopädie (Schlafschule), prägende Verhaltenseigenschaften für ihr späteres Leben antrainiert bekommen.

In der dortigen Gesellschaft wurden Werte wie Familienleben, Religion und Kultur sowie jegliche Art tiefgründiger Gefühle abgeschafft und durch die Verbrauchspflicht, einhergehend mit staatlich geförderter Vergnügungssucht und der Staatsdroge Soma ersetzt. Zwischen den Geschlechtern herrscht allgemeine Promiskuität und das Motto „Jeder ist seines nächsten Eigentum". Der Außenseiter Sigmund Marx, ein Alpha-Plus, über den gesagt wird, dass seinem Brutbehälter versehentlich doch Alkohol zugemischt wurde, be-vorzugt Unternehmungen zu zweit, was dem allgemein verbreiteten Streben nach Massenveranstaltungen wiederspricht. Er plant mit der Beta Lenina Crowe, einer Angestellten der Brut-Norm-Zentrale, einen Ausflug in ein Naturreservat. Dazu muss er bei seinem Vorgesetzten, dem BUND, eine Erlaubnis für den Besuch des Reservates in Neumexiko, einholen. Bei dieser Gelegenheit erzählt der BUND von einem Ausflug ins Reservat, den er selbst vor ungefähr zwanzig Jahren unternommen hat. Damals reiste er in Begleitung einer Beta-Minus, die auf unerklärliche Weise während des Aufenthaltes verschwand. Wütend über die Preisgabe seines Geheimnisses droht er nun Sigmund nach Island strafzuverschicken, sollte dieser seine Freizeitgestaltung nicht der Norm entsprechend verbringen. Angekommen im Reservat Malpais, werden Lenina und Sigmund mit den dort lebenden Pueblo-Indianern konfrontiert. Die Indianerkultur erschreckt beide zutiefst, Erscheinungen wie Alter, Mütter, die ihre Babys stillen, mangelnde Hygiene und Krankheit sind für sie neu. Die beiden werden Zeuge eines Opferrituals und begegnen überraschenderweise einem dort lebenden Weißen, der sich selbst als Michel vorstellt. Michel und seine Mutter Filine sind Fremde im Reservat, Michel ist dort zwar geboren worden, seine Mutter allerdings kommt ursprünglich aus der zivilisierten Welt und ist durch einen unglücklichen Zufall im Reservat zurückgeblieben. Sigmund erkennt sofort den Zusammenhang zu der verschwundenen Begleiterin des BUND und folgert damit, dass Michel dessen Sohn sein muss.

Filine ist überglücklich zivilisierten Menschen zu begegnen, sie ist trotz ihres mehr als 20-jährigen Aufenthaltes im Reservat, zu sehr vorgeprägt und konnte sich niemals den dort vorherrschenden Sitten anpassen, so dass sie und ihr Sohn immer Außenseiter waren. Michel fiel durch Zufall eine Ausgabe Shakespeares- „Sämtliche Werke" in die Hände und dieses Buch hat ihn sehr beeindruckt und seine Ideale geprägt. Sigmund beschließt die beiden „Wilden" mit zurück in die „schöne neue Welt" zu nehmen und mit ihrer Hilfe den BUND dazu zu bringen zu können ihn nicht zu versetzen, was ihm schließlich auch gelingt.

Michel, der sich auf das Leben in der „schönen neuen Welt" gefreut hat, ist schnell von dem seelenlosen Leben der Bewohner angewidert, angesichts der in Massen auftretenden, gleichgesichtigen Klon-Dutzendlingen muss er sich vor Abscheu übergeben. Er hat sich in Lenina verliebt, die auch Zuneigung für ihn empfindet, aber auf Grund ihrer Vorprägung nur unzureichend fähig ist, seine Gefühle zu erwidern. Für sie ist Liebe gleichgesetzt mit Sex, Michel aber möchte sie wie ein Held aus Shakespeares Zeiten, erobern. In Helmholtz Watson, einem Freund Sigmunds, findet er den einzigen Gesprächspartner, beide teilen eine Leidenschaft für Poesie. Filine nutzt ihre Rückkehr in die zivilisierte Welt nur um, die Staatsdroge Soma zu konsumieren und sich damit zu berauschen. Durch die Einnahmen erhöhter Dosen stirbt sie kurz darauf in der *Moribundenklinik*. Michel wird an ihrem Sterbebett Zeuge einer Schulführung von Simultankindern, denen selbst das Sterben als etwas Schönes und Fröhliches eingetrichtert werden soll. Vor lauter Entsetzen beginnt er zu rebellieren, in dem er die Tagesrationen an Soma-Tabletten des Klinik-Personals aus dem Fenster wirft. Sigmund und Helmholtz werden herbeigerufen und während Sigmund hilflos und zögernd zusieht, hilft Helmholtz Michel sogar das Soma wegzuwerfen. Michel, Helmholtz und Sigmund werden ins daraufhin ins Büro von einem der 10 Weltaufsichtsräten gebracht. Der so genannte WAR, Mustafa Mannesmann erklärt ihnen die Ideologie der „schönen neuen Welt" und die Politik des Systems. Die Welt befindet sich im Gleichgewicht, die Gesellschaftsordnung ist stabil und die Menschen zufrieden. Dies alles wurde durch die Abschaffung von Leidenschaft, Kunst und Wissenschaft erreicht, diese Eigenschaften sind mit Glück nicht vereinbar. Der Beschluss Helmholtz und Sigmund auf eine einsame Insel zu versetzten ist nun offiziell, Michel, der gerne mit ihnen gegangen wäre bekommt hierfür keine Erlaubnis, da er weiterhin als Experiment dienen soll.

Er zieht sich auf einen alten Leuchtturm zurück und beschließt sein Leben in Einfachheit und Einsamkeit zu verbringen. Doch das ist ihm nicht gegönnt, da bereits am nächsten Tag Reporter vor seiner Tür stehen. Da es für Michel keine Möglichkeit der Vereinbahrung mit dem Leben in diesem System zu geben scheint, hängt er sich auf und wird am nächsten Tag tot von Reportern gefunden.

3.3 Zeitgeschichtlicher Hintergrund

Huxley schrieb den Roman 1932 vor dem unmittelbaren Hintergrund der Weltwirtschaftskrise, die auch in der „schönen neuen Welt" einmal stattgefunden hat. Die maschinell gesteuerte Massenproduktion und der wissenschaftlicher Fortschritt schritten immer schneller voran, ohne dass jedoch die humanen und sozialen Probleme der 30er-Jahre gelöst wurden. Der Konsum- und Unterhaltungssektor der 20er-Jahre schien Huxley für das extreme Freizeitverhalten der Bürger in der „schönen neuen Welt" zu inspirieren. In der unmittelbaren Zukunft sollte Hitler in Deutschland an die Macht kommen. Stalin war ab 1927 Haupt der kommunistischen Partei und Alleinherrscher in der Sowjetunion. Durch seine Zwangskollektivierungsmaßnahmen der Landwirtschaft starben zwischen 10 und 15 Millionen Kulaken. Zudem veranlasste Stalin um sich einen groß angelegten Personenkult, der sich unter anderem in Lobpreisungs- und Ergebenheitswerke in Literatur und Kunst, dem Errichten von Statuen an öffentlichen Plätzen und die Umbenennungen von Städten in Stalinstadt äußerte. Der Personenkult Stalins könnte Huxley eine Inspiration für den Personenkult von „Ford[17] dem Herrn" gewesen sein.

17 Henry Ford: (1863- 1947) war der Gründer des Automobilherstellers Ford Motor Company. Von ihm wurde die Fließbandtechnik im Automobilbau perfektioniert.

In Italien schaffte es Benito Mussolinis 1925 durch spezielle Gesetzte mit dem so genannten faschistischen Großrat zu regieren. Der italienische Staat wurde somit von einer Einheitspartei regiert und damit zu einer Diktatur. Die faschistischen Diktaturen in Europa, haben die Bürger, also den einzelnen Menschen auf ein unwichtiges, ameisenhaftes Element reduziert. Huxley zeigt, dass er kollektive Systeme verurteilt, antidemokratische Verhältnisse gefährlich sind und er diese verabscheut.

3.4 Erzählperspektive, Struktur und Aufbau

Der Roman besteht aus 18 Kapiteln und in auktorialer Erzählperspektive wird allwissend über die Geschehnisse berichtet. Das ermöglicht dem Leser eine objektive Sichtweise und er bleibt allen Charakteren gegenüber distanziert. Die 18 Kapitel lassen sich grob in zwei große Hauptblöcke einteilen, die ersten 6 Kapitel dienen zur Vorstellung der „schönen neuen Welt" und der Lebensweisen ihrer Bewohner. Im Kapitel sieben besuchen Michel und Lenina die Welt der „Wilden" und von da an dreht es sich um die Kontraste beider Welten und um Kritik und Auseinandersetzung mit der „schönen neuen Welt" durch Michel.

3.5 Hauptthemen und durchgängige Motive

3.5.1 Geschichte

Die „schöne neue Welt" wurde so eingerichtet wie sie gegenwärtig ist, auf Grund von prägenden Ereignissen in der Vergangenheit. Geschichte und Erinnerung an vergangene Zeiten ist unerwünscht, da der Weltkontrollrat nicht möchte, dass die Bewohner der „schönen neuen Welt" von Altem angezogen werden. Trotz aller Liebe zu technischen Annehmlichkeiten, ist selbst wissenschaftliche Forschung untersagt. Alles soll so bleiben wie es ist und sich nicht mehr weiterentwickeln. Geschichtliche Daten sind daher nur lückenhaft, aus Berichten des WAR, entnehmbar:

141 n. Ford[18]: Ausbruch des neunjährigen Krieges, der zu einem Wirtschaftszusammenbruch führte, genauere Details des Krieges werden nicht beschrieben, dennoch wird mehrfach erwähnt, dass chemische und biologische Massenvernichtungswaffen eingesetzt wurden. 150 n. Ford[19]: Begann als Folge des Krieges die Herrschaft der Weltaufsichts-

18 Vgl.: Huxley, Aldous: Schöne neue Welt S. 61

19 Vgl.: Huxley, Aldous: Schöne neue Welt S. 64

räte, die Konsumideologie und die allgemeine Verbrauchspflicht wurden eingeführt um die Wirtschaft anzukurbeln. Kultur wurde abgeschafft, Museen geschlossen, Bücher, die vor 150 n. Ford erschienen sind werden verboten. Proteste der Bevölkerung werden gewaltsam niedergemetzelt. Die Regierungen führten, um weitere Gewalttaten zu vermeiden, eine friedliche Reformation durch. Sie handelten in dem Glauben, dass, um eine fortwährend, glückliche und wohlhabende Gemeinschaft zu schaffen, die Menschen manipuliert, die Meinungsfreiheit und die freie Berufswahl abgeschafft und sowohl intellektuelles Streben wie auch tiefe Gefühle unterdrückt werden müssen. Daraufhin wurde die „gewaltlose" Methode der künstlichen Zeugung und anschließender Manipulation eingeführt. 184 n. Ford führte man zudem die Volksdroge Soma ein und 214 n Ford[20] fand die erste offizielle Anwendung von Hypnopädie statt.

3.5.2 Politik

In der „schönen neuen Welt" herrscht eine Oligarchie, es gibt insgesamt 10 Weltaufsichtsräte, die zusammen den Weltkontrollrat bilden. Unter welchen Kriterien die 10 Räte gewählt wurden und auf welche Zeit, wird nicht genauer erläutert. Ebenfalls wird der Unterbau dieser Organisation nicht beschrieben, von Polizei ist einmal die Rede, vom Militär nicht. Ein Großteil der Bevölkerung wurde als Sklaven gezüchtet, deren Verständnis und Interesse, aufgrund mangelndem Wissen und genetischer Manipulation, nicht ausreicht, um das System zu hinterfragen. Deshalb ist für die Regierung eigentlich nur die Alpha-Kaste interessant, die zum Großteil hinter dem System zu stehen scheint. Die wenigen Individuen, die das System kritisch hinterfragen, werden kurzerhand verbannt. Dadurch wird auch deutlich, dass es sich bei dieser Regierungsform um eine Diktatur handelt. Die Diktatoren können die Regeln und Gesetze nach ihrer Willkür festlegen oder brechen, so wie sich der WAR das Recht herausnimmt, verbotene Literatur zu besitzen.

3.5.3 Entwicklung des Menschen

Die Menschen in der „schönen neuen Welt" werden nicht mehr geboren, sondern in Fabriken je nach Bedarf in fünf Klassen, Alpha bis Epsilon, produziert. Die Unterteilung in die verschiedenen Klassen erfolgt hierbei willkürlich und die Menge der produzierten Klasse hängt von deren Bedarf ab. Natürliche Geburten werden durch Sterilisation,

---

20 Vgl.: Huxley, Aldous: Schöne neue Welt S. 40

staatlich verordnete Schwangerschaftsverhütung und durch die Konditionierung, Lebendgeburten als abstoßend zu bewerten, verhindert. Bei der Produktion von neuen Bürgern, wird die Entwicklung der Embryonen je nach Kaste, der die Person einmal angehören soll, gesteuert. Die mit Blutsurrogat genährten Embryos, werden in einem Fliessbandsystem in Flaschen abgefüllt und je nach ihrem zukünftigen Schicksal gekennzeichnet. Je niedriger die spätere Kastenzugehörigkeit, desto weniger Sauerstoff, wird einem Embryo zugeführt, dadurch wird besonders die vollständige Reife des Gehirns verhindert. So kommt es, dass die niederste Kaste, die Epsilons, ungefähr auf der geistigen Entwicklungsstufe eines Zehnjährigen zurückbleiben. Durch eine so genannte *Lähmann-Methode,* kann der Reifungsprozess eines Embryos so beschleunigt werden, dass dessen Geburt nach nur 267 Tagen erfolgt.

Das Kastensystem wird so gesteuert, dass es möglich ist den entstehenden Menschen schon vor Geburt auf ein bestimmtes Fähigkeits- und Arbeitsgebiet gezielt auszurichten, beispielsweise durch Impfungen. Doch die Manipulation an der menschlichen Entwicklung ist nach der Geburt nicht abgeschlossen, zusätzlich wird der Mensch im Kleinkindalter auf verschiedene Weise, je nach Kaste, konditioniert und bekommt folgende Lektionen eingetrichtert: Jeder ist zufrieden, dass er eben dieser Klasse angehört und keiner anderen, alle Klassen sind unverzichtbar für die Gemeinschaft und dass man nur in der Gemeinschaft glücklich sein kann. Die Konditionierung wird mit zwei unterschiedlichen Methoden erreicht: In Erziehungsanstalten, so genannten *Neo-Pawlowschen* Normungssälen, werden durch Schocktherapien, wie etwa Lärm- und Elektroschocks den Kleinkindern gewisse Reflexe anerzogen. Beispielsweise werden Delta-Kindern Blumen und Bücher durch Stromschläge, als etwas Grauenvolles anerzogen, da diese Dinge sie in ihrem späteren Leben nur ablenken würden.

In den Schlafsälen, werden Methoden der so genannten Hypnopädie, also der Schlafschule, angewandt. Durch ständige Berieselungen von Parolen und Merksätzen wird das Unterbewusstsein der Kinder so gesteuert, dass sie ihre eigene Kaste lieben und die anderen Kasten, sowie andere für sie als nicht für sinnvoll betrachtete Dinge als nicht erstrebenswert betrachten.

Da das Leben mangels Gefühlen, Problemen und Gefahren stets einheitlich ruhig verläuft, müssen sich die Bewohner der „schönen, neuen Welt" monatlich *einer Tolle-Leidenschaft- Ersatz Behandlungszwangssitzung* unterziehen. In solch einer Sitzung wird der ganze Organismus mit Adrenalin durchflutet, als ein physiologisches Äquivalent für Wut und Angst. Selbst das Sterben wird durch Methoden der „schönen neuen Welt" beeinflusst. Die *innere Sekretion*[21] wird künstlich in jugendlichem Gleichgewicht gehalten. Der Magnesium-Kalzium Spiegel sinkt niemals unter dem eines 30-jährigen, des Weiteren werden Frischzellen zugefügt und so der Stoffwechsel in Gang gehalten. Mit diesen Maßnahmen wird erreicht, dass man äußerlich und innerlich nie über die Verfassung eines 35- jährigen hinaussteigt. Der Tod erfolgt ab ca. dem 60. Lebensjahr und verläuft plötzlich. Angst vor dem Tod, wurde den Menschen sowieso schon durch die Konditionierungsmaßnahmen im Kindesalter genommen.

Somit wird nichts im Leben eines Menschen dem Zufall überlassen, von Geburt an bis zum Tod füllt er seinen vorbestimmten Platz in der Gesellschaft aus, ohne jemals ein anderes, selbstbestimmtes Leben zu vermissen.

3.5.4 Gesellschaft und Alltagsleben

Die Gesellschaft ist auf drei Säulen aufgebaut, die auch den Leitspruch bilden: Gemeinschaftlichkeit, Einheitlichkeit, Beständigkeit. Der Bezug zu den Parolen der französischen Revolution wird deutlich. Jede nur mögliche Art von Individualität wurde ausgemerzt. Alle sind nun einheitlich gleichgeschaltet, gesichtslos, mit anderen Mitgliedern ihrer Kaste fast völlig identisch und arbeiten simultan gemeinschaftlich. Auf Kosten der Individualität und des freien Denkens, wird so Beständigkeit erreicht.

Das Alltagsleben, der Bürger der „schönen, neuen Welt" beruht auf dem Nachgehen einer zufrieden stellenden Arbeit, ganz den jeweiligen Fähigkeiten entsprechend und einem ausgefüllten, durchorganisierten Freizeitleben. Da niemand dazu befähigt ist tiefere Gefühle zu empfinden und auch sonst niemand von irgendwelchen Sorgen, wie Krieg, Existenzängste und Arbeitslosigkeit, geplagt ist, scheint das Leben aller oberflächlich und unbeschwert. Die Lieblingsbeschäftigungen aller Klassen sind Sport und Fühlkino- Veranstaltungen, Hauptsache ist hierbei, dass man kollektiv daran teilnimmt. Sollte man nicht ausgefüllt genug sein, gibt es noch die allgemeine Staatsdroge Soma, die überall erhältlich ist und sogar am Arbeitsplatz offiziell verteilt wird. Eine weitere Möglichkeit des Stressabbaus ist die Möglichkeit ein ausgeprägtes Sexualleben zu führen. Jeder kann mit jedem so oft er will eine sexuelle Bindung eingehen. Feste Beziehungen sind unerwünscht, Heirat nicht erlaubt. Das System sorgt „so gut" für seine Bewohner,

---

21 Vgl.: Huxley, Aldous: *Schöne neue Welt*, S. 117

dass niemand von ihnen ein individuelles Leben vermisst, bzw. durch die Vorprägung überhaupt vermissen kann.

3.5.5 Religion

Während Wissenschaft und Kunst in der „schönen neuen Welt“ nicht existieren dürfen, da sie vorrangig auf individuellen Leistungen beruhen, wurde die Religion einfach nicht mehr gebraucht, an ihre Stelle tritt der Hedonismus. Die vorherrschende Meinung über Gott wird in einem Gespräch zwischen dem WAR und Michel deutlich. Zu Michels Überraschung besitzt der WAR eine Ausgabe der heiligen Schrift und glaubt daran, dass es höchst-wahrscheinlich einen Gott gibt, der allerdings durch Abwesenheit glänzt. Religion wurde überflüssig, da die Menschheit nicht mehr unter Schmerz und Verlust leiden muss, welches Gründe wären, Trost im Glauben zu suchen. Da die Menschheit auch physisch nicht mehr unter Alterserscheinungen leiden muss, laut dem WAR einer der Hauptgründe für die Zuwendung zu Gott, gibt es auch hierfür keinen Grund sich im Alter einer höheren Macht zuzuwenden, um den Sinn für das eigene Leiden und ein Leben nach dem nahenden Tod zu finden.

> „Und wozu sollten wir einem Ersatz für jugendliche Triebe nachjagen, wenn der jugendliche Trieb nimmer aufhört? Einen Ersatz für Zerstreuungen, wenn wir uns bis ganz zuletzt an den alten Narreteien erfreuen? Wozu brauchen wir Ruhe, wenn unser Geist und Körper weiter in Tatkraft schwelgen? Wozu Trost, wenn wir Soma haben? Wozu etwas Bleibendes, wenn es die Gesellschaftsordnung gibt?“[22]

Der Leser bekommt dennoch den Eindruck, dass die Huldigung von Ford, beinahe der eines geistigen Führers nahe kommt. Symbole wie die früheren christlichen Kreuze, wurden zu „T´s“, in Anspielung auf Modell T, umfunktioniert und auch in Form eines „T`s“ bekreuzigt man sich in seinem Andenken. Man spricht von *Ford dem Herrn* und feiert die *Fordttagsfeier. Eintrachtsandachten* scheinen eine Art verfälschte und pervertierte Form des christlichen letzten Abendmahls zu sein. Eine Gruppe von zwölf Personen wartet in Trance auf die Ankunft Fords, hierbei wird ein *Eintrachtskelch* mit flüssigem Soma herumgereicht und zu hypnotischer Musik getanzt und gesungen: *„Rutschi-Putschi, welch ein Fordspaß,...“*[23]. Die *Eintrachtsandacht* endet schließlich

---

22 Huxley, Aldous: *Schöne neue Welt*, S. 230

23 Huxley, Aldous: *Schöne neue Welt*, S. 94

in einer sexuellen Orgie und alle Teilnehmenden verspüren danach einen üppigen, lebensvollen Frieden.

Die zweite Art von Religion, die im Roman beschrieben wird, ist die der Indianer. Die Religionen scheinen aber bei der Indianerkultur der Pueblo-Indianer über die Jahrhunderte auf absurde Weise vermischt worden zu sein. Sigmund und Lenina stoßen zufällig bei einem Indianer-Ritual hinzu und beobachten mit Grauen das Geschehen. Maskierte Schlangentänzer tanzen zu Trommelschlägen im Kreis, bis sich aus der Mitte ein Bild eines Adlers und ein nackter Mann am Kreuz erhebt. Ein Jüngling wird geopfert, indem er bis zum Tode ausgepeitscht wird. Wie Michel später erläutert, war das Ritual *„Zum Heil des Pueblo, damit der Regen fällt und der Mais wächst. Und zu Ehren Pukongs und Jesu."*[24]

Einer Mischung aus indianischer Naturanbetung, Menschenopfer der Inka-Religion, Anbetung des Pueblo, eines Indianergebietes und Jesus Christus, wird hier gehuldigt.

Die indianischen Rituale wirken aus heutiger Sicht mindestens so abschreckend wie die Eintrachtsandachten.

3.6 Hauptpersonen

Die Gesellschaft ist, wie bereits erwähnt, in fünf Kasten unterteilt, von denen die ersten vier genmanipuliert wurden. Um das Für und Wider der „schönen neuen Welt" zu veranschaulichen, bedarf es der etwas differenzierten Persönlichkeit der höheren oder höchsten Klasse. Daher gehören alle Hauptpersonen der Alpha-Klasse an. Wie im anti- utopischen Roman üblich, dienen die Hauptpersonen mehr als Repräsentanten des Systems, also als Träger von Ideen der Gesellschaftsform und sind daher mehr oder weniger farblos.

3.6.1 Helmholtz Watson

Helmholtz-Watson ist ebenfalls ein Alpha-Plus, er arbeitet als Dozent am Lehrstuhl für Schriftsteller und betätigt sich in seiner Freizeit als *Gefühlsingenieur*.

Helmholtz ist ein enger Freund von Sigmund und bildet körperlich gesehen das genaue Gegenteil zu ihm. Durch sein gutes Aussehen und sportliches Talent, ist er in der Gesellschaft hoch angesehen und beliebt. Besonders bei Frauen, angeblich 640 Mädchen soll er in knapp vier Jahren gehabt haben. Helmholtz ist somit eine Art Superman in

---

24 Huxley, Aldous: *Schöne neue Welt*, S. 123

der „schönen neuen Welt", doch auch er ist nicht glücklich und zufrieden, da er über zu große Geistesgaben verfügt, was ihn unweigerlich in die Einsamkeit treibt. Er fühlt sich ebenfalls als Außenseiter, ist von Gemütsbewegungen geplagt ist und sagt zu seinem Freund Sigmund: „...dass mich manchmal das seltsame Gefühl beschleicht, ich hätte etwas Wichtiges zu sagen und besäße auch die Kraft dazu- nur weiß ich nicht, was es ist"25

Sein Hobby ist das Schreiben und seine wahre Leidenschaft Gedichte. Er hat auch schon einige davon veröffentlicht, was allerdings nicht gern gesehen wurde. Schließlich kommt es soweit, dass seine eigenen Schüler ihn anschwärzen.

In Michel findet er endlich jemanden der seine Liebe für Poesie teilt. Er lauscht bedächtig als Michel ihm aus Shakespeare vorliest, doch auch Helmholtz ist durch die „schöne neue Welt" geprägt, er muss lauthals lachen als in Romeo und Julia, von „Vater und Mutter", verpönte Begriffe in der „schönen neuen Welt", gesprochen wird.

Mut zur Revolte beweist er, als er kurzerhand Michel zur Seite steht, als dieser das Soma aus dem Fenster wirft. Auch später in der Diskussion mit dem WAR und bei der Mitteilung zu seiner Verbannung, bleibt Helmholtz standhaft und gelassen. Er nimmt sein Schicksal mit Humor, als man ihn nach einem bevorzugten Verbannungsort fragt, antwortet er: „Ich möchte ein ganz miserables Klima. Ich glaube, man schreibt besser, wenn das Klima schlecht ist..."26 Trotz seiner beinahen Übermenschlichkeit, schafft auch Helmholtz es nicht, die „schöne neue Welt" zu verändern. Er denkt gesellschaftskritisch, fügt sich aber seinem Schicksal der Verbannung, seine zukünftige persönliche Entwicklung scheint ihm wichtiger als das System zu sein.

3.6.2 Michel

Der „Wilde" Michel ist die zentrale Hauptperson des Romans. Er taucht zum ersten Mal im siebten Kapitel auf, als Lenina und Sigmund auf ihn in der Reservation in Malpais treffen. Michel symbolisiert den utopie-typischen Fremden, der in ein fremdes System hineingestoßen wird.

Geprägt wurde Michel von drei unterschiedlichen Welten. Seine Mutter, die eigentlich aus der „schönen neuen Welt" kommt und nur unfreiwillig in der Reservation lebt, lehrte ihm die Beta-Weisheiten. Auf-

[25] Huxley, Aldous: *Schöne neue Welt*, S. 81

[26] Huxley, Aldous: *Schöne neue Welt*, S. 226

gewachsen ist er bei den Pueblo-Indianern in der Reservation, der Hauptliebhaber seiner Mutter Popé ist so etwas wie eine männliche Identifikationsfigur für ihn. Im Alter von zwölf Jahren fiel ihm ein Shakespeare-Werk in die Hände, dessen Poesie er über alles liebt, aber der Gesamtkontext der vormodernen Zeit, aus der der Inhalt des Buches stammt, ist ihm allerdings nicht bekannt.

Michel ist ein zutiefst gestörter junger Mann, der sein ganzes Leben auf der Suche nach Werten, an denen er sich festhalten kann, war. Seine Mutter, die ihn einerseits liebt, schämt sich aber auch seiner Existenz, da sie als Beta genormt wurde, Mutter-Kind Beziehungen und Lebendgeburten zu verabscheuen. Somit ist es kein Wunder, dass es Michel nie gelungen ist ein stabiles Selbstwertgefühl zu entwickeln. Hoffnungsvoll reist er in die „schöne neue Welt", in der es ihm auch nicht vergönnt ist einen Platz zum Leben zu finden. Seine große Liebe zu Lenina, die er von der ersten Begegnung an attraktiv findet, ist zum Scheitern verurteilt. Sigmund stellt sich als kein wahrer Freund heraus, er versucht sogleich Michel in der Öffentlichkeit zu „vermarkten". Der einzige Freund für ihn, der zumindest seine Liebe zu Poesie teilt, ist Helmholtz, mit ihm versteht er sich auf Anhieb. Hilflos muss er seiner Mutter beim Sterben zusehen und trotz zwiespältiger Gefühle zu ihr trifft ihn ihr Tod sehr. Sie war seine letzte Verbindung zur alten Welt.

Michel möchte echte Gefühle, er möchte sich fordern und kämpfen um endlich Anerkennung vor sich selbst zu gewinnen. Deutlich wird das im Gespräch mit dem WAR, der einzigen wirklich eigenständigen Person, außer ihm selbst.: „Ich brauche keine Bequemlichkeiten. Ich will Gott. Ich will Poesie, ich will wirkliche Gefahren und Freiheit und Tugend. Ich will Sünde… ich fordere das Recht auf Unglück"[27]. Da ihm die Abreise mit Sigmund und Helmholtz verweigert wird, bleibt er nun wieder allein, ohne Freunde in der „schönen neuen Welt" zurück. Als er an seiner selbst gewählten Einsamkeit Gefallen zu finden beginnt, ruft das Buße-Gefühle in ihm wach.

> „Schuldbewußt errötete er. Schließlich war er nicht hierhergekommen um zu singen und sich des Lebens zu freuen, er war hierhergekommen, um weiterer Besudelung mit dem Unflat des zivilisierten Lebens zu entgehen, sich zu läutern, zu bessern und tätige Reue zu zeigen."[28]

Er möchte es um jeden Preis hart und schwer im Leben haben und sein einziges Ventil um dieses Verlangen nachzugeben findet er in der

---

27 Huxley, Aldous: *Schöne neue Welt*, S. 236

28 Huxley, Aldous: *Schöne neue Welt*, S. 242

Selbstgeißel. Als man ihm ein Leben in Einsamkeit verwehrt und Schaulustige ihn belagern, sieht er keinen anderen Ausweg als sich zu erhängen. Michel ist Opfer einer Gesellschaft, die ihn ausstieß und ihm keinen Platz zur freien Entfaltung ließ. Sein Wunsch Ziele und Werte für ein glückliches Leben zu finden, konnte in der „schönen neuen Welt" nicht erfüllt werden, da dort keinerlei Platz für ein Leben ist, welches nicht mit dem System einhergeht.

3.6.3 Mustafa Mannesmann

Mustafa Mannesmann ist einer von insgesamt zehn Weltaufsichtsräten, sein Zuständigkeitsbereich umfasst Westeuropa. Sein erster Auftritt im dritten Kapitel dient dazu die Grundideen der „schönen neuen Welt" zu verdeutlichen, indem er einer Studentengruppe die Nachteile von Gefühlen und persönlichen, familiären Bindungen, erläutert.

Sein wahrer Charakter tritt allerdings erst in Kapitel 16 und 17 zutage, als er mit den drei „Systemgegnern" Helmholtz, Michel und Sigmund eine Diskussion über die Werte und Ziele der neuen Welt führt. Durch seine hohe Machtposition, ist es ihm auch möglich gewisse Regeln zu brechen. So kommt es, dass er einen ganzen Bücherschrank voll verbotener Literatur, darunter Shakespeare und religionswissenschaftliche Bücher, besitzt. Mannesmann ist ein vollständiges Individuum, ohne jegliche Normung und handelt somit freiwillig und in vollem Bewusstsein. In jungen Jahren betrieb er selbst, verbotene wissenschaftliche Forschungen, die ihm beinahe zum Verhängnis, in Form von Verbannung, wurden. Ihm war klar, dass Wissenschaft und auch Kunst mit dem System nicht vereinbar sind und er entschied sich damals gegen persönliche Interessen, zugunsten einer politischen Karriere. Er blickt zwar manchmal wehmütig auf die damalige Zeit zurück, für ihn ist allerdings nach wie vor klar, dass er sich damals richtig entschieden hat. Er ist sogar der Ansicht, im Wohle der Allgemeinheit zu handeln. „Ich bezahlte indem ich mich dem Glück widmete. Dem Glück der anderen, nicht meinem." [29] Dabei ist ihm völlig bewusst, dass das Glück der neuen Welt auf Unterdrückung der niederen Klassen und deren Ausbeutung für niedere Arbeiten, sowie auf der Volksdroge Soma beruht. Dennoch befürwortet er das System und trotz hohem Respekt vor individuell denkenden Menschen wie Helmholtz und Michel, hält er es für notwendig diese auszuschalten, indem er sie verbannt.

---

29 Huxley, Aldous: *Schöne neue Welt*, S. 226

An der Intelligenz und Weitsicht des WAR gibt es keinen Zweifel, aber leider setzt er seine Fähigkeiten für die falschen Ziele ein. Sein Handeln ist berechnend, seine Moral unmenschlich.

3.7 Stil und Sprache

In Huxleys Werk gibt es zahlreiche Wortspiele und versteckte satirische und oft humorvolle Andeutungen und Übertreibungen in erfundenen Wörtern. Angefangen bei den Namen, die allesamt Anspielungen auf historische Personen sind. Er verwendet dabei oft politische Führer der 30er-Jahre, damit bringt er die Angst in den beginnenden 30iger Jahren vor gefährlichen Diktatoren, wie Mussolini, Stalin, auch schon vor Hitler, zum Ausdruck. Beispielsweise *Lenina Crowne*: Anspielung auf Lenin; *Sigmund Marx*: Anspielung auf Karl Marx oder *Helmholtz-Watson*: Hermann L. von Helmholtz, deutscher Naturwissenschaftler und Sir William Watson, einem englischen Schriftsteller. Damit ist der Name eine Mischung aus Kunst und Wissenschaft.

Des Weiteren schuf Huxley eine Vielzahl von Freizeit und Alltagsbegriffe für die „schöne neue Welt", die wohl teils ironisch-satirisch übertrieben gemeint sind, teils mit dem Hintergedanken, dass so etwas tatsächlich einmal erfunden werden könnte. Huxley lässt hier seinen Wortfantasien freien Lauf und macht sich über den Wohlfahrtstaat mit seinen lächerlichen Erfindungen lustig. So gibt es einen *Vibrovakuum-Massageapparat*[30], eine *Duftorgel*, ein *Riechkino*, *Sexualhormon-kaugummis*, u.v.m. Abends besucht man z. B. ein *Fühlkino*, dort läuft ein *Super-Stereo-Ton-Farben-* und *Fühlfilm* mit *synchronisierter Duftorgelbegleitung*. Sportlich betätigen sich die Bewohner der „schönen neuen Welt" mit *Zentrifugalbrummball*, *elektromagnetischem Golf*, auf der *Rolltreppen-Kegelbahn* oder mit *Hindernisgolf*. Die Polizei arbeitet mit *Spritzapparaten*, die Somadämpfe versprühen, tragbaren *Synthephonen*, die Hyopnose-Sprüche aussenden und Wasserpistolen mit Betäubungsflüssigkeit.

Anstelle von Tageszeitungen lesen die Bewohner der „schönen neuen Welt" den *Stündlicher-Funk-Anzeiger*. Dass die Berichterstattung zukünftig hauptsächlich über das Fernsehen verläuft, konnte Huxley nicht vorhersehen.

---

30 Huxley, Aldous: Schöne neue Welt, S. 50, Duftorgel, Fühlkino S. 168, Sexualhormon-kaug. S. 73; Zentrifugalbr. S. 45; elektromagn. Golf S. 232; Rolltreppen- Kegelb. S. 74¸ Hindernisg. (S. 66)¸ Zippoverall (S.148¸ Spritzapparate, Synthephonen S. 212¸ Blaue Pazifikraketen S. 73, TaxikopterS. 89, St.-Funk- AnzeigerS. 78

3.7.1 Parolen

Gleich eine ganze Reihe von erfundenen Merksprüchen, Parolen und Redensarten hat Huxley für die „schöne neue Welt" erfunden oder einfach reale Sprichwörter und Spruchweisheiten auf das Niveau der „schönen neuen Welt" umgetextet. Fast alle Parolen bilden dümmlich-penetrante Verse, die die Bewohner in der neuen Welt in den Schlafschulen eingetrichtert bekommen haben und den Leser zum Schmunzeln bringen sollen. Die meisten hirnlosen Verse stammen aus Leninas Mund, da diese von allen agierenden Hauptpersonen am stärksten neo-pawlowisiert wurde. „Ein Gramm versuchen, ist besser als fluchen"…"Bist Du verdrossen, flugs Soma genossen!" [31] Die manipulierten Sprüche sind dazu da, die Gesellschaft zu leiten, z. B. für die gewollte Verbrauchspflicht und Konsum-Wegwerf-Einstellungen der Bürger oder zur hygienischen Erziehung:

> „Alte Kleider wirft man weg. Enden ist besser als wenden,…"[32] oder „Je mehr Nähte, desto mehr Nöte… Ausbessern ist unsozial."…"Jeder ist seinen nächsten Eigentum,…"[33] , Hopp, hopp, hopp! Bazillchen lauf Galopp! Hier bei uns gedeihst du nimmer, marsch ins Klo und Badezimmer!"[34]

Im krassen Gegensatz zu den übertriebenen Parolen und den erfundenen modernen Fachausdrücken, stehen die eher altmodischen Shakespeare Zitate, die durch den „Wilden" Michel eingestreut werden, dar. [35]

3.7.2 Ford-Wörter

Besonderen Einfallsreichtum bewies Huxley mit seinen Anspielungen auf Henry Ford, der die „schöne neue Welt" am meisten prägte.

Einige Beispiele: „Gelobt sei Ford am Lenkrad"[36]; Weiß Ford noch was alles"…"Seine Fordschaft" [37]; „als Ford der Herr noch auf Erden wandelte,.."[38] . Statt Big Ben schlägt der große Henry neunmal Ford[39] . Die-

---

[31] Huxley, Aldous: Schöne neue Welt S. 98

[32] Huxley, Aldous: *Schöne neue Welt*, S. 62,

[33] Huxley, Aldous: *Schöne neue Welt*, S. 127

[34] Huxley, Aldous: *Schöne neue Welt*, S. 126

[35] S. Anhang: Shakespeare-Zitate S. 107

[36] Huxley, Aldous: *Schöne neue Welt*, S. 57

[37] Huxley, Aldous: *Schöne neue Welt*, S. 49

[38] Huxley, Aldous: *Schöne neue Welt*, S. 39

se Wortspiele sind eindeutig nicht ernst, sondern humorvoll gemeint. Wahrscheinlich eine Anspielung an Diktatoren, die überall Bilder von sich aufstellen ließen oder ihren Geburtstag als Nationalfeiertag einrichteten. Niemand würde einem Erfinder so übertrieben huldigen, wie die „schöne neue Welt" dem Automobilhersteller Henry Ford.

3.8 Botschaft

Huxley schrieb den Roman 1932 und seine Absicht war eindeutig, der Welt in den 30iger Jahren einen Spiegel vorzuhalten und vor der Zukunft zu warnen. Er nannte seinen Roman *Schöne neue Welt,* da die Hauptzahl der Bewohner auf den ersten Blick ein zufriedenes Leben führen. Viele Ziele die heute angestrebt werden, hat die „schöne neue Welt" erreicht. So ist es der Menschheit gelungen Kriege völlig auszurotten, ebenso Kriminalität, Armut und soziale, wie materielle Ungerechtigkeit. Streitpunkte wie Religion, Ethik oder unterschiedliche Rassenzugehörigkeit sind überwunden. Eben diese erreichten Ziele hält Huxley auch für erstrebenswert, durch den WAR lässt er den Leser am Für und Wider seiner Ideen teilhaben. Allerdings sind die Mittel wie diese Ziele erreicht wurden und deren Auswirkungen falsch. In der „schönen neuen Welt" haben die Weltführenden aus Kriegen gelernt und unterdrücken die Menschen auf eine Weise, die diese gar nicht bemerken können. Ihre körperliche Entwicklung wird schon vor der Geburt verändert und ihre Psyche ab dem Säuglingsalter manipuliert, damit wird einem großen Teil der Bevölkerung das Recht auf Individualität und voll ausgeprägter Intelligenz vorenthalten. Überdeutlich thematisiert er die Auswirkungen des Identitätsverlusts der gesamten Gesellschaft durch die Abschaffung und das Vergessen der eigenen Geschichte. Es wird keine Entwicklung mehr geben. Die Zukunft ist immerwährende Gegenwart. Auch die Auswirkungen einer ideologisch besetzten Sprache stellt er überzeugend dar. Die Menschheit erkauft sich all diese Vorzüge zu einem viel zu hohen Preis. Die Aufgabe der eigenen Individualität und Selbstbestimmung über das eigene Leben und Schicksal.

Aber dem setzt Huxley keine Alternative entgegen. Michel kann nur zwischen dem Leben in der „schönen neuen Welt" und dem im primitiven Indianerreservat wählen. Diese Alternative des Reservats, die Michel als Außenseiter betrachtet und in der Menschen den Opfertod sterben, ist jedoch keinen Deut besser. „ „ein wahnwitziges Leben im Lande Utopia oder das Leben eines Eingeborenen im Indianerdorf, ein

---

[39] Vgl. Huxley, Aldous: *Schöne neue Welt* S. 89

Leben, das in mancher Hinsicht menschlicher, in anderer aber kaum weniger verschroben und anormal ist“[40] Dass er den Versuch eines Einsiedlerlebens wählt, ist sehr verständlich. Aldous Huxley bemängelt diese begrenzten Auswahlmöglichkeiten Michels, darüber schreibt er 1946 rückblickend im Vorwort der Neuausgabe und auch später in dem 1958 erschienene *Wiedersehen mit der neuen Welt.*

> „ Wollte ich das Buch aufs neue schreiben, böte ich dem Wilden eine neue Möglichkeit. Zwischen der utopischen und primitiven Alternative des Dilemmas läge die Möglichkeit normalem Lebens- bereits einigermaßen verwirklicht in einer Gemeinschaft der Verbannten und Flüchtlingen aus der „schönen neue Welt“, die innerhalb der Reservation leben.“[41]

Er meint damit die Systemkritiker, die auf Inseln im Exil leben müssen. Ein richtiges politisches und gesellschaftliches Welt-Konzept, hat er demnach auch 1958 nicht entgegenzustellen.

Anschaulich beschrieben werden ebenfalls wie unterschiedlich Individuen auf ein totalitäres System reagieren. Michel zerbricht an der „schönen neuen Welt“, auf die er alle seine Hoffnungen gesetzt hatte. Helmholtz Watson zieht das Exilleben vor, ihm sind alle Unannehmlichkeiten egal, Hauptsache er kann an einem Ort leben, an dem er seinen freien Gedanken nachgehen kann. Der WAR kam schon früher auf die Erkenntnisse von Helmholtz, doch er entschied sich zur Aufgabe seiner eigenen künstlerischen und philosophischen Freiheit und arrangierte sich mit der „schönen neuen Welt“. Huxleys Weltbeschreibung mag erschreckend erscheinen, dennoch schreitet die Gentechnik weiter voran und die heutige Konsumgesellschaft lebt immer exzessiver. Bisher ist nicht erkennbar, dass es Huxley gelungen ist mit seinen Warnungen eine Trendwende zu erreichen.

3.9 Rezensionen

Huxleys Werk gehört zur Weltliteratur und war immer wieder Thema in den Feuilletons. Zuerst nach seinem Erscheinen 1932, dann als er einer Neuauflage von 1946 ein Vorwort beisetzte und 1958, im Zuge seines neu erschienenen Romans *Wiedersehen mit der schönen neuen Welt.* In den 90ern wurde seine Utopie des menschlichen Klonens wieder entdeckt, als das erste Klonschaf Dolly erschaffen wurde und die Menschheit sich Huxleys frühen Warnungen rückbesann. Das zu ei-

---

40 Huxley, Aldous: *Vorwort.* (1946). In Huxley, Aldous: *Schöne neue Welt., S. 10*

41 Huxley, Aldous: *Vorwort.* (1946). In Huxley, Aldous: *Schöne neue Welt., S. 11*

nem Musical umgearbeitete Stück wurde 1981 vom Freiburger Kammertheater von Carlos Trafic uraufgeführt. Schließlich führte Johann Kresnik seine Deutung von Huxleys Roman 2001 in dem Theaterstück *Garten der Lüste. BSE* auf, was erneuten Anlass zu Diskussion über Huxleys Werk gab. Im Internet sind zahlreiche Webseiten vorhanden, *somaweb.org* enthält zahlreiche Links und Publikationen zu Studien über Aldous Huxley, ebenso die Webseite der deutschen Huxley-Forschungsstelle an der Universität Münster.

Obwohl Huxleys Roman zur Weltliteratur gehört, Schullektüre und ein Longseller ist, waren die Meinungen über seinen Roman und seiner enthaltenen Warnungen, immer geteilt.

Hermann Hesse schreibt in einer Beilage zur Neuen Rundschau 1933:

> „ ... Übrig bleiben die beiden Halbmenschen, und einer von ihnen mag wohl das Symbol von Huxleys eigener Tragik sein: die Gestalt des klugen, begabten , erfolgreichen, glänzenden Literaten, welcher zwar von der Zivilisation allzu sehr aufgeschluckt ist, um noch, wie sein Ehrgeiz es wünschte, Dichter sein zu können, welcher aber sehr wohl um den Zauber und das Wunder der Dichtung weiß, ..., man liebt Huxley um dieser Figur willen, man liebt seine tiefe Liebe zu Shakespeare und sein sanft ironische Gebärde der Resignation.“[42]

Eine weitere Meinung, im Zuge der Neuerscheinung von *Schöne neue Welt*, mit Huxleys Vorwort, stammt aus dem Jahr 1950. Der Autor ist erstaunt über die vielen zutreffenden Voraussagen von Aldous Huxley.

> „Huxleys beißende Satire, in der ein Ton großer Besorgnis mitschwingt, ist eine Herausforderung unsrer verlogenen Sozialethik. Der englische Kritiker fordert in einem hinreißenden Plädoyer, die Menschheit möge sich schleunigst in der Kunst der Freiheit erziehen, bevor es zu spät ist“ [43]

In den 60er und 70er-Jahren des 20. Jahrhunderts gab es sogar Meinungen zu Huxleys Werk, die dieses anstelle als abschreckende Antiutopie als recht erstrebenswert empfanden. Insbesondere Jugendliche der Hippie-Generation beneideten die lockere Sexualmoral und die nebenwirkungsfreie Droge Soma aus Huxleys „schöner neuen Welt“. 1976 sehen die Rezensionen wieder etwas anders aus. Jürgen Busch äußert sich in der Frankfurter Allgemeinen zu Huxleys 1932 erschienen Roman.

---

42 Hesse, Hermann: Aldous Huxley, - Welt- wohin?.

43 Natan, Alex: Kassandrarufe. In: Stuttgarter Zeitung. Nr. 36 vom 13.2.1950

> "Huxleys Roman wirkt wie eine verunglückte Karikatur. Zumindest heute, 45 Jahre nach seinem Erscheinen. Was vielleicht einmal beeindrucken konnte, entlockt uns nach allem, was geeignet ist, die Prognose des Autors realistischer erscheinen zu lassen, ein – unpassendes Lächeln."…. „ Kaum etwas davon ist unaktuell. Aber nichts geht über Traktatempfindsamkeit hinaus. Der Roman bietet Entsetzliches schon im Entsetzten an, überlässt keine Erfahrung dem Leser und versetzt ihn so leicht in die Rolle eine unbeteiligten Person, die sich eher belustigt als aufregt."[44]

Anderer Meinung ist Cornelie Ueding 1982 im Tagesspiegel. Sie fragt sich, "… was genau die Lektüre von Huxleys" Schöner neuer Welt"...so fesselnd, so aufregend widerwärtig, so beklemmend betörend macht."[45] Die Frage beantwortet sie selbst,

> „Der wirkungsmächtigste Antrieb unsrer Weiter- Lese- Lust ist vielmehr die besondere Art und Weise, in der wir hier-...- Anteil nehmen am widrigen Geschick des oder der Protagonisten: nicht allein für die erzählte Figur stehen wir Ängste aus, sondern für uns fürchten wir; und wir hoffen wider alle Vernunft und bessere Einsicht in das jeweils beschriebenes Gleichschaltungssystem nicht nur für den Helden, ..., sondern wir hoffen vor allem für uns selbst, für unsere Zukunft."[46]

Angela Beckman schreibt schließlich 1998 im General-Anzeiger,

> „Huxleys Buch erinnert erschreckend oft an die Wirklichkeit. Und zwar nicht erst heute, wo Schaf Dolly und das Klonen von Menschen, wo Arbeitslosigkeit und Drogenfreigabe in der Diskussion sind...."Schöne neue Welt" kann als Warnung vor Totalitarismus ebenso wie vor dem Fortschritt der Wissenschaft gesehen werden, es ist Satire, Prophetie und Utopie, es ist lustig und erschreckend gleichermaßen."[47]

---

44 Busch, Jürgen: Was ist dreißig Jahre danach? In: Frankfurter Allgemeine (FAZ) vom 25. Mai 1976. S. 36

45 Ueding, Cornelie: Angst und Lust. Orwell und Huxley neu gelesen. In Tagesspiegel. Nr. 11 177 vom 04.07.1982, S. 45

46 Ueding, Cornelie: Angst und Lust. Orwell und Huxley neu gelesen.

3.10 Bedeutung für die Gegenwart

3.10.1 Gentechnologie und reproduktives Klonen

1932 ist die Gentechnik noch völlig unerforscht und die künstliche Herstellung von Menschen noch undenkbar. Dennoch hat Huxley dies zur Thematik seiner Antiutopie *Schöne neue Welt* gemacht. Die heutige Entwicklung im Bereich der Gentechnik, Zellbiologie, *Stammzellenforschung*[48] und im Bereich der *In-vitro-Fertilisation*[49] ist bereits nah an seine Ideen herangekommen. Vor allem im Bereich der so genannten grünen Gentechnik, also für den landwirtschaftlichen Bedarf und in der gelben oder roten Gentechnik, der Arzneimittelentwicklung, sind solche Verfahren schon lange in Gebrauch. In der Landwirtschaft werden Nutzpflanzen gentechnisch verbessert, wie z. B. resistent gegen mögliche Schädlinge gemacht. In der Medizin wird heute ebenfalls bereits eine Vielzahl von Medikamenten, wie beispielsweise das Insulin, gentechnisch gewonnen. Weiterhin befinden sich weltweit über 350 gentechnisch hergestellte Mittel in Prüfungen mit Patienten.

Viel eher dem beschriebenen Bokanowskyverfahren entspricht jedoch das Klonen. Damit ist die künstliche Entwicklung mehrerer genetisch identischer Zellen oder Organismen gemeint. Durch die Reproduktionsmedizin wird Klonen menschlichen oder tierischen Materials möglich. Durch zuvor entnommene genetische Information, der so genannten DNA, kann durch den Zwischenschritt der Stammzellengewinnung die künstliche Erzeugung eines vollständigen Organismus erreicht werden. Dadurch wird die Herstellung einer identischen Kopie des entnommenen genetischen Materials, also eines eineigen Zwillings oder Klons, möglich. Klonen bildet also die Voraussetzung zur Bildung eines mehrzelligen Organismus, in dem alle Zellen das gleiche Erbgut tragen. Das Klonen wird ebenfalls bereits in der Landwirtschaft angewandt. Formen einer so genannten vegetativen Vermehrung sind z. B. Knospung, Veredelung von Obstsorten oder Stecklingsvermehrung beim Weinanbau. Für das Klonen von Embryos wird dem zu klonenden Organismus eine Zelle entnommen und daraus der Zellkern isoliert. Dieser wird in eine befruchtete Eizelle gelegt, deren eigener Zellkern zuvor entnommen worden ist. Durch einen Stromstoß oder ähnli-

---

48 Beckmann, Angela: Denken verboten. In: General-Anzeiger. Nr. 33011. 23.08.1998, S. IV

49 (a) www.wissenschaft-online.de/ **In-vitro-Fertilisation**: Abk. IVF, „extrakorporale Befruchtung", die Vereinigung einer Eizelle mit einer Samenzelle außerhalb des Körpers Copyright Spektrum Akademischer Verlag

ches, wird die natürliche Verbindung und Entwicklung angeregt. Bei menschlichen Embryos ist theoretisch die Herstellung von acht genetisch identischen Organismen durch diese Methode möglich. Die „schöne neue Welt" hat in ähnlicher Funktion das oben genannte Bokanowskyverfahren entwickelt. „Das Bokanowskyverfahren", schloß der BUND", besteht im wesentlichen aus einer Reihe von Unterbrechungen des Entwicklungsverlaufs. Wir hemmen das normale Wachstum, und, so paradox es klingt, das Ei reagiert darauf mit Knospung."[50] Das *Bokanowskyverfahren* schafft dabei allerdings bis zu maximal 96 Klone.

Das 2003 durch so ein Verfahren bekannt gewordene, erste geklonte Säugetier ist das Schaf Dolly. Heute werden vor allem Zuchtpferde mit hohen sportlichen Erfolgen bereits in größeren Umfang geklont. Noch ähnlicher ist dem Verfahren Huxleys die so genannte In-vitro-Fertilisation, also die künstliche Befruchtung. In dem Befruchtungsraum der Brut- und Normzentrale werden wöchentlich eintreffende, Ovarien in eine Spermaflüssigkeit getaucht und die befruchteten Eier danach in so genannten Brutöfen gelagert. „ ...wie die in ihr enthaltenen Eier auf Fehlentwicklung untersucht, gezählt und in einen porösen Behälter gelegt – und hier ließ er sie bei der Prozedur zusehen- wie man diesen Behälter in eine warme Brühe voll freischwimmender Spermatozoen tauchte..."[51]. Die heutige „Befruchtung im Glas", funktioniert etwas anders, doch liegt der gleiche Gedankengang dahinter. Durch eine vorher stattgefundene Hormonbehandlung werden mehrere Eizellen zur Reifung gebracht und der Eisprung mit Hilfe des Einsatzes von Hormonen künstlich ausgelöst. Die Eizellen werden danach entweder mit dem aufbereiteten Sperma in einem Reagenzglas zusammengeführt oder das Spermium wird gezielt in eine Eizelle injiziert. Die gewonnenen Embryonen werden dann in den Uterus exportiert. Das komplette Verfahren bringt ca. für 40 % der Durchführungen einen Erfolg.

In Deutschland ist diese Behandlung gesetzlich erlaubt, wenn ein Ehepaar trotz ungeschützten Verkehrs kein Kind zeugen kann und somit wird in Deutschland ca. jedes 80. Kind auf diese Weise gezeugt. Untersuchungen ergaben jedoch, dass Kinder die aus einer künstlichen Befruchtung hervorgingen, eine etwas höhere Wahrscheinlichkeit haben, an genetisch bedingten Störungen zu erkranken, als normal gezeugte. Das künstliche Befruchten ist zwar erlaubt, aber es wurden zusätzlich

50 Huxley, Aldous: Schöne neue Welt. S. 23

51 Huxley, Aldous: Schöne neue Welt. S. 22

auch Regelungen, in Form des Embryonenschutzgesetzes[52] eingeführt. Darin ist die Eizellspende, genau wie die Leihmutterschaft verboten. Allerdings ist die Forschung an importierten embryonalen Stammzellen, jedoch unter Auflagen erlaubt und wird durch das Stammzellgesetz vom Juli 2002 geregelt. Das Gesetz erlaubt den Import embryonale Stammzellen nach Deutschland, wenn diese vor dem 1. Januar 2002 „produziert" wurden. Während also künstliche Be-fruchtung und Stammzellenforschung in Deutschland weitestgehend erlaubt ist, unterliegt das reproduktive Klonen[53] einem strikten Verbot. Dieses Verbot besteht weltweit, Streit herrscht jedoch über die Zulässigkeit des therapeutischen Klonen[54]. Selbst der Rechts-ausschuss der UNO konnte keine Einigung zu dem globalen Rechtsstreit beim Verbot des Klonens erzielen. Bisher wurde nur eine unverbindliche Deklaration erarbeitet. Das Thema des Klonens stößt auf breites öffentliches Interesse. Neben religiösen Meinungen, wie z. B. der manipulative Eingriff in das Erbmaterial, einen Eingriff in „Gottes Schöpfung", bedeute, wird die Frage ab welchem Entwicklungsstadium ein Mensch, als Mensch zählt, also unter den Würdeschutz des Grundgesetzes fällt, diskutiert. Die meisten Kritiker des reproduktiven Klonens gestehen Embryonen in jedem Fall ab der Verschmelzung der Zellkerne die volle Menschenwürde zu. Andere thematisieren das Problem, was mit den überschüssigen Zellen geschieht, die für die künstliche Befruchtung vorproduziert wurden. Die Frage, ob es erlaubt sein soll, solche überzähligen Embryonen zur Stammzellerzeugung für den medizinisch-technischen Fortschritt freizugeben, steht im Raum. Der Europarat verfasste 1997 die Biomedizinkonvention, mit der Bezeichnung: „Übereinkommen zum Schutz der

52 Bundesministerium für politische Bildung: (a) www.bmj.bund.de/ Aktuelle Fassung: 23. Oktober 2001 (BGBl. I 2001, S. 2702)

53 www.interpharma.ch (b) /**Reproduktives Klonen:** Das reproduktive Klonen hat zum Ziel, einen neuen Organismus zu schaffen, der genetisch identisch zu seinem Vorbild ist. Der Körperzelle eines Menschen wird der Kern, der das Erbmaterial enthält, entnommen. Dieses Erbmaterial wird in eine zuvor entkernte Eizelle eingeschleust. Ein Embryo entsteht. Dieser Embryo wird anschliessend im Unterschied zum therapeutischen Klonen in die Gebärmutter einer Frau eingepflanzt.

54 www.interpharma.ch (c)/Therapeutisches Klonen: Verfahren zur Züchtung von Gewebe mit körpereigenem Erbgut. Einer Eizelle wird der Zellkern entnommen und durch den Kern einer Zelle der Person ersetzt, für die genetisch identisches Gewebe produziert werden soll. Die Eizelle teilt sich im Reagenzglas mehrmals und wächst so zu einem frühen Embryonalstadium heran. Nach einigen Tagen können embryonale Stammzellen entnommen werden. Sie können sich noch zu jedem Gewebetyp (z.B. Leberzellen, Nierenzellen, etc.) aber nicht zu einem Menschen, entwickeln.

Menschenrechte und der Menschenwürde im Hinblick auf die Anwendung von Biologie und Medizin "[55]. Darin wird versichert, dass

> „Die Vertragsparteien dieses Übereinkommens schützen die Würde und die Identität aller menschlichen Lebewesen und gewährleisten jedermann ohne Diskriminierung die Wahrung seiner Integrität sowie seiner sonstigen Grundrechte und Grundfreiheiten im Hinblick auf die Anwendung von Biologie und Medizin."[56]

und festgehalten, dass das Interesse und das Wohl des menschlichen Lebewesens Vorrang gegenüber dem bloßen Interesse der Gesellschaft oder der Wissenschaft hat. [57]Auch von der UNESCO wurde im selben Jahr 1997 eine Deklaration betreffend des menschlichen Genoms und der Menschenrechte beschlossen.

> „Praktiken, die der Menschenwürde widersprechen, wie reproduktives Klonen von Menschen, sind nicht erlaubt. Die Staaten und zuständigen internationalen Organisationen werden aufgefordert, gemeinsam daran zu arbeiten, derartige Praktiken zu benennen und auf nationaler oder internationaler Ebene die erforderlichen Maßnahmen zu ergreifen, um die Achtung der in dieser Erklärung niedergelegten Grundsätze sicherzustellen."[58]

Da allerdings nur konkret vom dem "reproduktiven" Klonen gesprochen wird, werden somit andere Methoden der Biotechnologie, welche die Menschenwürde verletzen, nicht beachtet. Da die Formulierung zudem noch recht vage ausgedrückt ist, ist es unwahrscheinlich, dass alle Länder die sofortige Durchsetzung der Deklaration veranlassen werden. Heutzutage sind durch die Möglichkeiten der Pränataldiagnostik, präzise Voruntersuchungen eines ungeborenen Kindes durchführbar, durch die sich Krankheit und Fehlentwicklungen, wie spätere Behinderung, frühzeitig erkennen lassen. Die Mehrzahl behinderter Kinder wird heute abgetrieben, somit kann man bereits von einer menschlichen Selektion sprechen. Wohin das Nichtwürdigen menschlichen, genetischen Materials führen kann, nämlich zur Verkommung

---

55 Europarat (a) http://conventions.coe.int/Treaty/ Kapitel I Allgemeine Bestimmungen/ Artikel 1 Gegenstand und Ziel

56 Europarat (a)

57 Vgl.: Europarat (b) http://conventions.coe.int/TreatyArtikel 2 Vorrang des menschlichen Lebewesens

58 Unesco: www.unesco.de/c_bibliothek/de: Allgemeine Erklärung über das menschliche Genom und Menschenrechte/ C. Forschung am menschlichen Genom/ Artikel 11.

des Menschen zum bloßen Objekt, hat Huxley in jeden Fall anschaulich dargelegt. Das Thema Klonen findet zudem auch bei Huxleys Antiutopien- und Science-Fiction-Nachfolgern Verwendung. In dem Film *Gattaca* werden Vorstellungsgespräche durch Haarproben ersetzt, die Stelle bekommt der Bewerber mit den besten genetischen Voraussetzungen. Die Fortsetzung der *Star Wars*-Trilogie enthält ein Heer von Klon-Kriegern und im Film *Die Insel* werden Menschen als Ersatzteillager für ihre Zell-Spender gezüchtet.

4 Der Report der Magd[59]

4.1 Margaret Atwood Leben und Werk

Margaret Eleanor Atwood wurde am 18. November 1939 in Ottawa, Kanada, als zweites von drei Kindern, geboren. Ihr Vater war Entomologe und die Familie reiste in den ersten Jahren durch viele Städte Kanadas, bis sie sich 1946 endgültig in Toronto niederließen. Nach der High School studierte Margaret Atwood am Victoria College in Toronto vier Jahre lang Englisch und veröffentlichte in dieser Zeit ihren ersten Gedichtband *Double Persephone,* der sogleich die E. J. Pratt-Medaille gewann. Anschließend arbeitete sie zunächst für ein Marktforschungsunternehmen und unterrichtete englische Literatur an der Universität of British Columbia, bis sie ihr zuvor unterbrochenes Studium in Harvard wieder aufnahm, ihre Doktorarbeit jedoch nie beendete. Margaret Atwood veröffentlichte weitere Gedichtbände, 1969 ihren ersten Roman *The edible wo*man *(Die essbare Frau, D: 1985)* sowie erste literaturkritische Arbeiten. Obwohl viele ihre Arbeiten mit Auszeichnungen versehen wurden, schildert Atwood den Beginn ihrer literarischen Karriere als schwierig. Die konservativen 50er-Jahre Kanadas nahmen eine 16-jährige Kanadierin als Schriftstellerin zunächst nicht ernst. Margaret Atwood lebt nach ihrer ersten gescheiterten Ehe mit dem Schriftsteller Graeme Gibson zusammen, die beiden haben eine Tochter. Sie lebt heute in Kanada, verbrachte aber auch einige Zeit in den USA, Deutschland, Frankreich und England, wo sie an verschiedenen Universitäten lehrte.

In ihren Romanen behandelt sie ein breites unterschiedliches Themenspektrum, außer dem Thema Antiutopie, wie in *Der Report der Magd,* benutzt sie Elemente aus Science-Fiction, Autobiographie, Märchen, Spionagethriller u. v. m. Sie verarbeitet immer aktuelle poli-tische und gesellschaftliche Themen, die meisten ihrer Werke haben zudem einen feministischen Schwerpunkt und behandeln beispielsweise die Machtverteilung zwischen den Geschlechtern. Ebenfalls typisch in ihren Werken sind Opfer, die auch Täterrollen übernehmen. Margaret At-

59 Atwood, Margaret: Der Report der Magd. Roman [The Handmaid's Tail, Toronto 1985, dt. Von Helga Pfetsch]- 4. Aufl.- Düsseldorf (jetzt Hildesheim): Claassen Verlag, 1998: Der Roman ist Perry Miller und Mary Webster gewidmet. Perry Miller war ein Dozent Atwoods in Harvard, in dessen Vorlesungen sie über das Thema des Puritanismus gelehrt wurde. Mary Webster ist eine Vorfahrin Atwoods, die von den Puritanern gehängt werden sollte und überlebte.

wood zählt heute zu den renommiertesten Autorinnen im englischsprachigen Raum, ihre Werke haben zahlreiche Preise bekommen und wurden in über zwanzig Sprachen übersetzt.

4.2 Inhalt

Der Roman *Der Report der Magd* handelt von einer nicht allzu fernen Zukunft auf dem Gebiet der heutigen USA. Wenige Jahre vor der Haupthandlung wurde die Regierung von Fundamentalisten gestürzt und das theokratische Regime Gilead gegründet. Gilead ging eine Periode von anhaltenden Kriegen voraus. Aus diesem und anderen Gründen wurde die Umwelt zerstört und stark verschmutzt, einhergehend mit weit verbreiteter Unfruchtbarkeit der Bevölkerung. Alle Frauen wurden daraufhin entrechtet und nach unterschiedlichen Kriterien in verschiedene Klassen eingeteilt. Dies alles weiß der Leser zu Anfang noch nicht, sondern erfährt es nach und nach durch die Erzählerin Desfred, eine gileadische Magd. Desfred ist eine Magd und damit Sklavin eines Kommandanten, dessen Ehefrau unfruchtbar ist und dem sie deshalb als Leihmutter dienen soll. Zunächst erinnert sich Desfred, deren Name erst später im Roman genannt wird, ans *Rahel- und Leah- Zentrum*[60], dem so genannten *Roten Zentrum*, zurück. Dort wurden alle zukünftigen Mägde durch Drill und psychische Beeinflussung auf ihre späteren Aufgaben vorbereitet. Geleitet wird das *Rote Zentrum* von Frauen, den so genannten *Tanten*, die dort die Funktion von Aufseherinnen bekleiden, besonders die Aufseherin Tante Lydia ist ihr lebhaft in Erinnerung geblieben.

Ihr momentanes Leben besteht aus Langeweile und Einsamkeit. Im Hause des Kommandanten bewohnt sie ein Zimmer, welches steril und leblos eingerichtet ist, alle Gegenstände mit denen man Selbstmord begehen könnte wurden entfernt. Seit fünf Wochen lebt sie in diesem Haushalt, ihre bisher dritte Stelle, sollte sie auch diesmal nicht schwanger werden droht ihr die Abschiebung zu den *Unfrauen*[61] in die Kolonien. Wenn sie wider erwarten doch ein Kind bekommen sollte, wird dies sofort der Hausherrin übergeben.

Serena Joy ist der Name der "Hausherrin", der Ehefrau des Kommandanten. Gleich bei Desfreds Ankunft machte diese ihr klar, dass Desfred in der Hierarchie weit unter ihr steht. Im Haus arbeiten noch drei weitere Hausangestellte, ein Fahrer namens Nick und zwei Haus-

60 Atwood, Margaret: Der Report der Magd. S. 404

61 Atwood, Margaret: Der Report der Magd. S. 23

haltshilfen, die „Marthas“ genannt werden und deren richtige Namen Rita und Cora lauten. Zu keinem von ihnen besitzt sie Vertrauen. Eine von Desfreds Aufgaben ist der tägliche Einkaufsgang, den sie zusammen mit einer anderen Magd, namens Desglen beschreitet.

Desfred befindet sich nachts immer allein in ihrem Zimmer und nützt die Zeit um sich an die Vergangenheit zu erinnern. Ihr Mann Luke, ihre Tochter und sie wurde bei einem gescheiterten Fluchtversuch auseinander gerissen. Während ihr Mann höchst wahrscheinlich erschossen wurde, nimmt sie an, dass ihre Tochter noch lebt. Ebenfalls in starker Erinnerung ist Desfred, ihre Mutter, eine ehemalige Frauenrechtlerin und ihre beste Freundin Moira geblieben, die sie noch aus Studienzeiten kennt. Zuletzt hat Desfred Moira im *Roten Zentrum* gesehen, dort wurde sie drei Wochen nach ihr eingeliefert. Anders als Desfred versuchte Moira von dort zu fliehen. Ihr erster Versuch schlug fehl und sie wurde daraufhin zur Strafe gefoltert. Beim zweiten Versuch gelang es ihr eine der *Tanten* zu fesseln und ihre Kleider zu tauschen um so ungehindert zu entkommen.

Als Desfred eines Tages akribisch ihr Zimmer durchsucht, stößt sie auf einen versteckten lateinischen Spruch, offenbar von ihrer Vorgängerin, im Wandschrank: *Hirundo maleficis evoltat* [62]. Sie kennt zwar nicht die Bedeutung des Spruches[63], doch schöpft sie durch ihn Mut und benutzt ihn sogar als Gebetsformel.

Desfred erinnert sich nachts auch häufig an Begebenheiten aus dem *Roten Zentrum* zurück, als dort so genannte Lehrfilme gezeigt wurden. Dabei handelte es sich um Pornofilme, die der Abschreckung dienen sollten. In einigen, gefälschten Filmen wurden Frauen sogar zerstückelt. Solche Filme wurden mit „So haben sie damals über Frauen gedacht“[64] kommentiert. In Gilead wird auf Rituale und Zeremonien großen Wert gelegt. Einmal im Monat findet die „Befruchtungszeremonie“ statt. Desfred liegt auf dem Bett des Kommandanten und wird von Serena Joy an den Armen festgehalten. Bis auf ihre Unterhose ist sie vollständig bekleidet, während der Kommandant mit ihr Geschlechtsverkehr hat. Intime oder sonstige Berührungen, außer dem eigentlichen Akt, sind untersagt und der Kommandanten verlässt danach sofort wortlos das Zimmer.

---

62 Atwood, Margaret: Der Report der Magd. S. 79

63 S. Anhang: Lateinischer Spruch: Hirundo maleficis evoltat , S. 108

64 Atwood, Margaret: Der Report der Magd. S. 164

Eines Nachts wird Desfred mitgeteilt, dass der Kommandant sie treffen möchte, solche Treffen sind eigentlich strikt untersagt und Desfred begibt sich daraufhin am nächsten Abend vorsichtig in sein Zimmer. Zu ihrer Überraschung verhält sich der Kommandant ihr gegenüber schüchtern und bittet sie um ein gemeinsames Scrabble-Spiel. Am Ende des gemeinsamen Abends möchte er von ihr einen Kuss, „so als wenn es von Herzen käme“[65].

Seit diesem Abend treffen sich Desfred und der Kommandant häufiger und zwischen beiden herrscht nach und nach ein fast lockeres Verhältnis. Er lässt sie während der Treffen in Büchern und Zeitschriften lesen. Als Desfred nach dem lateinischen Spruch fragt, findet sie heraus, dass ihre Vorgängerin den Spruch aus dem Schulheft des Kommandanten kennen gelernt haben muss. Der Kommandant hatte sich auch mit ihr heimlich getroffen, bis Serena Joy dahinter kam und ihre Vorgängerin sich daraufhin erhängte, um der drohenden Bestrafung zu entgehen. Desfred fühlt sich wie ein einfach zu ersetzendes Haustier.

Desglen und Desfred sind inzwischen fast so etwas wie Freundinnen geworden. Desglen hat Desfred eröffnet einer Widerstandsbewegung anzugehören und verrät ihr sogar das Codewort „Mayday“.

Beim nächsten Treffen mit dem Kommandanten hat dieser eine Überraschung für sie. Er hat ihr ein frivoles Frauenkostüm und Make-up mitgebracht und bittet sie beides anzulegen. Desfred zieht sich um und die beiden fahren zu einem illegalen Nachtclub namens Jesebel. Es ist ein Club für Offiziere und mittlere Beamte und der Kommandant führt Desfred herum, um vor den anderen mit ihr anzugeben. Die Frauen dort sind Prostituierte in den unterschiedlichsten Kostümen. Teilweise waren es bereits in der vorgileadischen Zeit Prostituierte oder es sind ehemalige Akademikerinnen, die diese Stellung der einer Dienerin vorziehen. Überraschend entdeckt Desfred Moira unter ihnen und es gelingt den beiden sich heimlich auf der Toilette zu treffen.

Moira arbeitet tatsächlich als Prostituierte und sie berichtet Desfred von den Erlebnissen ihrer Flucht aus dem „Roten Zentrum“. Leider wurde sie geschnappt, kurz bevor sie außer Landes geschmuggelt werden sollte. Daraufhin wurde sie erst gefoltert und danach zeigte man ihr einen Film von den Kolonien. Daraufhin konnte sie sich zwischen einer Versendung in die Kolonien oder für ein Leben als Prostituierte entscheiden. Sie zog letzteres vor und lebt nun in resignierter Zufriedenheit.

---

65 Atwood, Margaret: Der Report der Magd. S. 194

Eines Tages ruft die Frau des Kommandanten Desfred zu sich. Sie möchte das Desfred mit einem anderen Mann schläft, um die Chancen einer Schwangerschaft zu erhöhen. Ihr Vorschlag ist Nick. Nachts führt Serena Joy Desfred heimlich zu Nicks Zimmer über der Garage, der sie bereits erwartet. Desfred trifft sich daraufhin weiterhin, ohne das Wissen der Kommandantin mit Nick. Er ist ihre Zufluchtstätte, sie himmelt ihn regelrecht an und verrät ihm sogar ihren wirklichen Namen.

Desglen versucht sie dazu zu bringen mehr über den Kommandanten herauszufinden und bietet ihr sogar für den Notfall eine Möglichkeit zur Flucht an. Doch Desfred hat kein Interesse mehr, die Nähe zu Nick ist ihr wichtiger.

Kurz darauf gehen Desfred und Desglen zur einer „Bezirks-Errettung". Drei Frauen, zwei Mägde und eine Ehefrau werden dabei öffentlich gehängt. Danach wird ein gefangener Mann vorgeführt. Er ist schwer gefoltert worden und sein angebliches Vergehen soll das Vergewaltigen zweier Mägde gewesen sein, von denen eine schwanger war und daraufhin ihr Kind verlor. Die Wut der Masse ist am Überkochen, noch bevor der Gefangene etwas sagen kann stürzen sich alle auf ihn. Desglen kämpft sich nach vorne um ihn bewusstlos zu treten. Sie kennt den Mann, er ist kein Vergewaltiger, sondern ein Mitglied der Untergrundorganisation. Am nächsten Einkaufstag erfährt Desfred von Desglens Nachfolgerin, dass diese sich erhängte, als sie merkte, dass ihr Verhalten an der Bezirks-Errettung sie verraten hatte.

Zu Hause angekommen wird sie von Serena Joy erwartet. Diese ist hinter ihr heimliches Treffen mit dem Kommandanten gekommen, da sie das Kostüm gefunden hat. Während Desfred noch in ihrem Zimmer sitzt und das Schlimmste befürchtet, hört sie schon das schwarze Verhaftungsauto nahen, welches sie abholen kommt. Doch plötzlich erscheint Nick in ihrer Zimmertür und bittet sie mit den Männern mitzugehen, die in Wirklichkeit Mitglieder der Untergrundorganisation sind. Der Kommandant verlangt von den Wächtern einen Abholschein, dadurch wird klar, dass weder Serena Joy noch er die Männer gerufen hat. Desfreds angebliche Anklage lautet: Verletzung des Staatsgeheimnisses. Damit muss nun auch der Kommandant befürchten abgesetzt zu werden, da so etwas in seinem Haushalt geschehen konnte.

Das letzte Kapitel des Buches stellt eine Besonderheit dar. Es handelt sich um die Auszüge aus der Niederschrift der Protokolle des 12. Symposions über Gileadstudien, das im Rahmen der „Internationalen Tagung der Vereinten Historiker" stattfand. Zeit und Ort werden hier ebenfalls genannt: die Tagung fand an der Universität Denay in Nunavit am 25. Juni 2195 statt. Desfreds Geschichte wurde auf 30 Tonbänder gesprochen, die in einer Metallkiste in der gileadischen Stadt Bangohr, im früheren Staat Maine, versteckt gelegen haben. Ein gewisser Professor James Darcy Pieixoto, hat es sich zur Aufgabe gemacht die Tonbänder zu analysieren und auszuwerten. Seine Forschungsergebnisse sind Inhalt des Vortrags, den er auf diesem Symposium hält. Ihm gelang es die Identität des Kommandanten bis auf zwei mögliche Personen einzugrenzen, zudem spekuliert er über Nicks und Desfreds Ende, die möglicherweise schwanger entkam.

4.3 Zeitgeschichtlicher Hintergrund

Atwood spielt in ihrem Roman gezielt auf aktuelle politische Entwicklungen der 80er- Jahre an. „Sie sammelte Zeitungsnachrichten und Zeitschriftenbeiträge , die ihre Fiktion faktisch abstützten: Berichte über eine fundamentalistische Katholiken- Sekte in New Jersey, die von Frauen als Mägden spricht, und über die Massenwirkung amerikanischer TV- Prediger, ...“[66]

Atwood fand die Entwicklung der Fernsehprediger, auch Teleevangelisten genannt, beunruhigend und spielt gleich mehrfach in ihrem Buch darauf an. Besonders in den 80er- Jahren der USA waren diese weit verbreitet und besaßen sogar eigene TV-Stationen.

Eine wichtige Inspiration für Margaret Atwood bedeutete das Ceauşescu-Regime in Rumänien, wie sie selbst im Roman, durch die „Historischen Anmerkungen“ andeutet. Ceauşescu versuchte die Geburtenrate zu steigern, indem er ein Gesetz durchsetzte, das Abtreibung und Verhütung beschränkte. Nur Frauen über 45 und Frauen mit mehr als fünf Kindern waren solche Maßnahmen gestattet. Durch obligatorische gynäkologische Untersuchungen sollten Frauen identifizieren, die ihre "patriotische Verantwortung", zu gebären, umgingen. Ceauşescus Regime verwendete zur besseren Überwachung und Einschüchterung der Bevölkerung, genau wie bei Atwood, die so genannten *Augen*, eine Geheimpolizei, die Securitate.

Ein weiteres politisches Regime in den 80er-Jahren, das Atwood für Gilead inspirierte um gleichzeitig vor solchen Entwicklungen zu warnen, war das von Ajatollah Chomeini, der Gründer der Islamischen Republik im Iran. Er war bis zu seinem Tod 1989 als Oberster Rechtsgelehrter deren Staatsoberhaupt. Die Islamische Republik strebt eine möglichst islamische Staatsführung an, die durch theokratische Prinzi-

66 Warnung vor Gilead. In: Der Spiegel. Nr. 23, 41. Jahrg. Vom 01.06. 1987

pien einen Gottesstaat errichten will. Als Rechtsordnung gelten die strengen und frauenverachtenden Vorschriften der Scharia.

4.4 Struktur und Erzählperspektive

Der Aufbau des Romans besteht aus 15 Teilen, unterteilt in insgesamt 46 Unterkapiteln und dem Anhang der „Historischen Anmerkungen". Die Teile haben jeweils eine Überschrift, auffällig ist hierbei, dass insgesamt 7-mal die Überschrift „Nacht" verwendet wird. Die Nacht bedeutet für Desfred einen wichtigen Tagesabschnitt, da sie dann immer ihre Gedanken schweifen lässt, um der Wirklichkeit zu entfliehen. Der Roman ist in der Form eines Ich-Erzählers geschrieben. Die Protagonistin Desfred berichtet autobiographisch über die Ereignisse. Der Leser bekommt so die Möglichkeit sich mit Desfred und ihrem Schicksal zu identifizieren. Außerdem stellt bereits die Form der Autobiographie einen Widerstand gegen Gilead dar. Desfred erzählt ihre Geschichte.

> " Mit der Wahl der Form der Autobiographie erheben Offred (Anm. Desfred) und ihre Erfinderin Anspruch auf ein selbstbestimmtes individuelles Dasein. Es ist ein Anspruch, der in der Hoffnung gipfelt, im kommunikativen Akt des weiblich- mündlichen... Erzählens einen gleichgesinnten Adressaten zu erzeugen:" I tell, therefore you are" [67]

Von ihren eigenen Erlebnissen berichtet Desfred allerdings oft lückenhaft, so dass der Leser erst nach und nach die einzelnen Handlungsstränge nachvollziehen kann. Einige Dinge, wie ihren Namen und den ihrer Tochter, verrät sie allerdings nie. Manche Begebenheiten erzählt Desfred sogar gleich in mehreren Visionen, wie z. B. den ersten Besuch bei Nick. Diese Erzählform ist ein typisch postmodernes Merkmal. Ebenso gibt uns die Erzählerin oft den Hinweis, wie sie sich den tatsächlichen Verlauf einzelner Ereignisse gewünscht hätte. „Und hier die Geschichte, die ich gern erzählen würde"[68]. Im letzten Kapitel der „Historischen Anmerkungen " wechselt die Erzählperspektive zu einem Auszug einer Niederschrift, erst spricht der Vorsitzende Professor Maryann Crescent Moon und dann der Hauptredner Professor Pieixoto, in Form einer auktorialen Erzählperspektive, es handelt sich um Auszüge einer Berichterstattung einer Sitzung.

---

67 Pordzik, Ralph (Hrsg.): Utopie und Dystopie in den neuen englischen Literaturen- Heidelberg: Universitätsverl. C. Winter, 2002, S. 176. Dt.: Atwood, Margaret: Der Report der Magd. S.*360 „Ich erzähle also seid ihr"*

68 Atwood, Margaret: Der Report der Magd. S. 340

4.5 Hauptthemen und durchgängige Motive

4.5.1 Geschichte

Die Republik Gilead befindet sich zum Zeitpunkt von Desfreds Erlebnissen, auf dem Gebiet der heutigen USA und die Gründung Gileads muss ca. in den 80er-Jahren des 20. Jahrhunderts erfolgt sein. Die Gilead vorausgehende Epoche, war gezeichnet von starkem Geburtenrückgang in allen nördlichen Gebieten. Die Gründe dafür sind nur Vermutungen, einerseits war Kinderlosigkeit durch Abtreibung und empfängnisverhütende Mittel gezielt gewollt, andererseits herrschten schwerwiegende Geschlechtskrankheiten, wie AIDS oder Syphilis Typ R. Der Hauptgrund der Unfruchtbarkeit waren jedoch Umweltkatastrophen, wie Kernkraftwerk-Unfälle, Giftmüll aus biologischen und chemischen Waffenlagern, sowie etliche chemischer Sprühgifte, die ins Abwasser geleitet wurden. Zunächst versuchte man mit künstlicher Befruchtung und Leihmüttern der schwierigen demographischen Lage Herr zu werden.

Der Präsident und der gesamte US-amerikanische Kongress wurden von unbekannten Terroristen niedergeschossen. Daraufhin wurde vom Militär der Notstand ausgerufen und die Verfassung aufgehoben. Durch verharmlosende Medienberichte, gelang es den Umstürzlern, das Volk ruhig zuhalten. Nach und nach wurde der Staat totalisiert, beginnend mit der Zensur von Zeitungen, der Einführung von neuen Pässen sowie das Errichten von Straßensperren, die von Militär besetzt waren. Weiterhin schlossen die Supermächte einen Rüstungspakt, inklusive eines geheimen Einflusshären-Abkommens. Damit erhielt jede Regierung freie Hand bei der Unterdrückung von Rebellionen im eigenen Land.

Die Frauenentmachtung geschah mit simultanem Verhängen eines generellen Berufverbotes und der Enteignung aller „weiblichen" Konten. Weitere neue Gesetzte wurden eingeführt, alle Frauen, die in Zweitehen lebten und alle, die ein nichteheliches Verhältnis führten, wurden festgenommen und für Reproduktionszwecke eingesetzt. Sollten diese Frauen bereits Kinder haben, wurde diese konfisziert und anderen, ranghohen Ehepartnern zugeteilt. Dies geschah auch Desfreds Tochter.

Schließlich entwickelte eine kleine Gruppe, die so genannten „Söhne Jakobs", die Philosophie und Sozialstruktur Gileads. Geld wurde von ihnen abgeschafft und die Bezahlung erfolgt mittels Essensmärkchen. Gilead findet sich zur Zeit Desfreds, weiterhin im Krieg, doch mit wem und worüber bleibt unklar, da von sich ständig verschiebenden Fronten gesprochen wird.

Selbst Professor Pieixoto besitzt nur lückenhaftes Material über das vergangene Regime Gilead, da es damals verschiedene Säuberungsaktionen gab, bei denen die eigenen Computerdateien gelöscht und Ausdrucke vernichtet wurden. Das weitere Fortdauern von Gilead wird nur angedeutet. Es gab vermutlich drei Perioden, die frühe, mittlere und neue Periode, zudem ist von gileadischen Bürgerkriegen die Rede. Sicher ist nur, dass Gilead im Jahre 2195 schon der weit zurückliegenden Vergangenheit angehört.

4.5.2 Politik und Überwachung

Die Republik Gilead ist politisch gesehen eine Theokratie, da all ihre Grundlagen religiös untermauert sind. Da nur eine kleinere Gruppe von Machthabenden, die „Söhne Jakobs", Gilead erfunden hat und vermutlich leitet, ist die Regierungsform eine totalitäre, diktatorische Oligarchie. Diese Obrigkeit besteht ausschließlich aus Männern und alle Frauen sind entrechtet, daher ist die Herrschaftsform wie im Mittelalter ein Patriarchat. Das Freizeit- und Arbeitsverhalten der in Klassen geteilten Gesellschaft, ist starr geregelt.

Systemgegner werden verfolgt und auf brutale, mittelalterliche Art und Weise bestraft. So werden Moira z. B. nach ihrem Fluchtversuch aus dem „Roten Zentrum" die Fußsohlen mit einem Stahlkabel blutig geschlagen. Wie brutal und ungerecht das System wirklich ist, wird an der Verfolgung der Ärzte deutlich, welche sogar rückwirkend für begangene Abtreibungen, aus der Zeit, da dies noch legal war, zum Tode verurteilt werden. Besonders stark verfolgt werden alle religiösen Gruppen, die männlichen Anhänger werden schlicht ausgerottet, den weiblichen bleibt die Möglichkeit zur Abschwur ihres Glaubens. Die Exekutierten werden meist erhängt oder sterben durch Folter, alle werden mit verdecktem Gesicht zur Abschreckung öffentlich an einer Mauer aufgehängt. Der Verurteilung zum Tode gleichbedeutend ist die Strafverbannung in die Kolonien. Alte Frauen, Systemgegner und unfruchtbare Dienerinnen werden in Gilead dorthin verbannt. Die Gegend dort ist extrem verseucht und die Verbannten müssen entweder in radioaktiv verstrahlten Giftmülldeponien arbeiten oder auf einem Schlachtfeld die Leichen entsorgen. Die maximale Lebenserwartung beträgt drei Jahre. Das wichtigste staatliche Kontrollinstrument sind die Spitzel, die so genannten *Augen,* die überall im Staat eingesetzt sind und die die Aufgabe haben Regelbrüche und Systemgegner aufzuspüren. Auch die technische Überwachung mit Wanzen wird ausgeübt, allerdings eher mangelhaft, da die wichtigsten Orte für verfängliche Gespräche, wie Toiletten, nicht abgehört werden.

Das einzig erwähnte Medium in Gilead ist der Fernseher, dessen Nachrichten manipuliert sind. Dort wird nur von angeblichen Siegen, nie von Niederlagen gesprochen.

Trotz der sonst strikten Überwachung, Kontrolle und Manipulationsversuche der Einwohner Gileads scheinen Touristen in das Land einreisen zu können, es ist ihnen nicht einmal untersagt, mit den Mägden zu sprechen.

4.5.3 Die Rolle der Geschlechter in der Gesellschaft

Die Gesellschaft in Gilead ist zwei Arten von Menschen unterteilt: Männer und Frauen. Die Geschlechter sind strikt getrennt und leben in der kleinsten sozialen Einheit, dem altertümlichen „household"[69] zusammen. Die nächst größere Stufe einer sozialen Einheit bildet der Wohnbezirk, dessen Mitglieder an allen offiziellen Zeremonien teilzunehmen haben. Ob Gilead in Staaten oder größere Bezirke unterteilt ist, wird nicht näher erläutert. Alle Frauen sind in fünf verschiedene Kasten unterteilt. Zwischen den Kasten besteht kein Kontakt, der nicht von professioneller Natur ist. So bleiben die Ehefrauen bei ihren Treffen stets unter sich und auch in den allgemeinen Zeremonien sitzen die Kasten getrennt voneinander. Ein Aufstieg in die nächst höhere Klasse ist nicht möglich, ein Abrutschen in die unterste Klasse der Unfrauen, jedoch sehr wohl. Die Klassenzugehörigkeit richtet sich nach der Position, welche die Frauen vor Gilead hatten. Die reichen Frauen in der Erstehe wurden zu den Ehefrauen der Kommandanten, die Ärmeren zu den Ökonofrauen[70]. Unverheiratete Frauen und wiederverheiratete Frauen wurden je nach Alter und Fruchtbarkeit zu Hausangestellten oder zu Dienerinnen.

Die höchste Klasse bilden die Ehefrauen der Kommandanten. Den Unfruchtbaren unter ihnen, stand der Besitz einer Magd zu. Sie regieren über alle im Haushalt arbeitenden Angestellten und haben gegenüber den Mägden fast uneingeschränkte Macht. Ihre eigenen Aufgaben dienen mehr oder weniger ihrer Beschäftigung, wie stricken oder Gartenarbeit. Die zweitunterste Stufe bilden die Hausangestellten, ihre Aufgabenbereiche sind ebenfalls streng geregelt, sie leben im Haushalt und nehmen auch an den privaten Zeremonien teil. Eine weitere Klasse bilden die oben genannten Ökonofrauen, d. h. verheiratete Frauen aus sozial schwächeren Schichten. Sie leben im Haushalt mit ihrem E-

---

69 Pordzik, Ralph (Hrsg.): Utopie und Dystopie in den neuen englischen Literaturen. S. 168

70 Atwood, Margaret: Der Report der Magd. S. 68

hemann, haben aber kein Anrecht auf Hauspersonal oder Mägde. Auch sie sind durch ihre Kleidung gekennzeichnet, ihre Kleider sind in mehreren Farben gestreift.

Die Mägde haben in etwa den Status eines Sklaven und tragen sogar eine Tätowierung, die sie als Nationalbesitz kennzeichnet. Ihre einzige richtige Aufgabe, außer natürlich der Leihmutterschaft, ist der Einkauf, da dieser gleich zu Bewegungszwecken dient. Ansonsten werden sie nur auf ihren Körper und die Gebärfähigkeit reduziert. Sie haben keine Rechte und warten praktisch jeden Monat nur auf den Tag des Befruchtungsrituals, an dem sie zum Geschlechtsverkehr mit dem Kommandanten verpflichtet sind. Die niederste Klasse bilden die Unfrauen, die in den Kolonien bis zu ihrem baldigen Tod arbeiten müssen.

Einen Sonderstatus besitzen die so genannten *Tanten,* ihre Position ist etwa die von Aufseherinnen, die im Umerziehungslager, dem *Roten Zentrum* arbeiten oder Zeremonien anführen. Sie müssen die zukünftigen Mägde auf ihre neue Funktion in Gilead vorbereiten. Dazu zählen das Einschüchtern durch eine Art Gehirnwäsche und das Eintrichtern von Propaganda-Parolen. Als einzigste Klasse der Frauen ist es ihnen erlaubt zu lesen, zu schreiben und Waffen, wie elektrische Stachelstöcke, zu besitzen. Das Einsetzen von weiblichen Kontrollinstrumenten erfolgte bewusst, da die Kontrolle durch Mitglieder der eigenen Gruppe wesentlich wirkungsvoller ist. Hätten Männer diese Position, bestünde eher die Gefahr einer Revolte der Frauen gegen die Männer.

Alle anderen Macht- und Kontrollpositionen sind Männern vorbehalten. Doch trotzdem sind auch die Männer strikten Regeln und Verboten unterworfen, die sie sich selbst auferlegt haben. Eine Heirat wird erst nach vorher erbrachter Leistung für den Staat erlaubt. Die Wahl der Ehefrauen steht ihnen nicht zu und vor- sowie außerehelicher Sex ist verboten. Sogar Masturbation ist untersagt und homosexuelle Handlungen werden mit dem Tod bestraft.

4.5.4 Philosophie

Das absolute Ziel des Staates ist der Geburtenaufschwung einhergehend mit der völligen Unterdrückung der Frau. Dazu gehört auch die Rückkehr zur Tradition und archaischer Volkskunst. Die neuen Staatsprinzipien werden entweder durch Tante Lydia oder die Diskussionen Desfreds mit dem Kommandanten verdeutlicht.

Im „Roten Zentrum" wird den Frauen per Lautsprecher oder durch Lehrfilme, die neue Philosophie und religiös bekundeten Lehren des Staates beigebracht. Die Vergangenheit, besonders auf die Beziehung der beiden Geschlechter bezogen, wird verteufelt. Die Mägde sollen sich über die Freiheit von sexueller Belästigung und Missbrauch freuen. Ebenso ist das demütigende Außenseiter-Dasein, das man in den vorgileadischen Zeiten als Single hatte, vorbei. Auch für die Männer ist das starr geregelte Geschlechterleben nun einfacher, behauptet der Kommandant. Sex begann die Männer früher nicht einmal mehr zu reizen, da er überall viel zu einfach angeboten wurde. Für Liebe gibt es in Gilead keinen Platz, arrangierte Ehen haben immer schon besser funktioniert, lehrt der Kommandant Desfred.

Gemeinschaftliche Zeremonien und Rituale werden in Gilead besonders hoch bewertet. Hinrichtungen, Hochzeiten und die Geburt werden gemeinschaftlich im Kollektiv erlebt.

Besonders extrem geht die so genannte Partizikution[71] von statten. Der dazu Verurteilte wird von einem Frauenkollektiv in Stücke gerissen. Diese Zeremonie erfüllt zugleich einen doppelten Zweck, der Verurteilte stirbt und für die Frauen wird ein Ventil zum Aggressionsabbau ermöglicht.

Die neue Philosophie zu akzeptieren fällt selbst den *Tanten* manchmal noch schwer, so weint Tante Lydia bei einem Vortrag über glückliche Paarbeziehungen der Vergangenheit. Doch Gilead setzt auf die Zeit. „Ihr seid die Übergangsgeneration, sagt Tante Lydia. Für euch ist es am schwersten... Für die, die nach euch kommen, wird es leichter sein. Sie werden ihre Pflichten willigen Herzens auf sich nehmen."[72]

4.5.5 Religion

Staat und die monotheokratische Religion sind in Gilead miteinander verbunden, so lautet die Losung der religiösen Massenveranstaltungen, den so genannten Betvaganzas [73] „Gott ist eine nationale Energiequelle". Die komplette Staatsphilosophie gründet sich auf einige wenige Sprüche des Alten Testamentes. Diese Bibelzitate werden archaisch ausgelegt und fundamentalistisch verwendet. So wird das Weib, durch den Sündenfall schuldig gesprochen und zum ewigen Untertan des Mannes erklärt. Der Prediger spricht bei der Betvaganza folgen Verse, die zur Rechtfertigung der Unterdrückung der Frau dienen sollen, an: „ Ein Weib lerne in der Stille mit aller Untertänigkeit."... „Einem Wei-

71 Atwood, Margaret: Der Report der Magd. S. 373

72 Atwood, Margaret: Der Report der Magd. S. 163

73 Atwood, Margaret: Der Report der Magd. S. 300

be aber gestatte ich nicht, dass sie lehre, auch nicht dass sie des Manns Herr sei, sondern stille sei."[74]

Die Schlüsselszene aus der Bibel, indem Rahel ihre Magd Leah bittet für sie ein Kind auszutragen, legitimiert für die männliche Bevölkerung, das Verwenden der Mägde zu Reproduktionszwecken. „ Sie aber sprach: Siehe, da ist meine Magd Bilha: gehe zu ihr, dass sie auf meinem Schoß gebäre und ich doch durch sie aufgebaut werde".[75] Leihmutterschaft scheint der einzige Ausweg gegen das Aussterben der Bevölkerung zu sein, da künstliche Befruchtung und Retortenerzeugung der religiösen Überzeugung Gileads widersprechen.

Es gibt keinerlei Anzeichen, dass Gott trostspendend und beschützend über die Bevölkerung wacht, wie dies im christlichen Glauben normalerweise der Fall ist. Mit Zitaten, die während des Mittagessens im „Roten Zentrum" aus Lautsprechern zu hören sind, wie „Selig sind die geistig arm sind; Selig sind die da schweigen" und „Selig sind, die da Leid tragen; denn sie sollen getröstet werden." [76]wird das Leiden der Mägde abgespeist. Zu Gott gebetet wird hauptsächlich um für Fruchtbarkeit zu bitten. Insgesamt stehen für fünf unterschiedliche Lebenslagen Gebete zur Verfügung, die in den Franchise-Unternehmen „Seelenrollen", gegen Bezahlung, ähnlich dem mittelalterlichen Ablasshandel, ausgedruckt und vorgelesen werden können.

Im Umerziehungslager erinnern die verordneten Gebetsstunden ebenfalls an mittelalterliche Klosterrituale. Die Frauen müssen aufgereiht auf hartem Holzboden knien und ihre Gebetsfloskeln vorhersagen. Kontrolliert und überwacht werden sie von den mit Stöcken ausgerüsteten *Tanten.*

Religions- bzw. Staatsgegner werden verfolgt und ermodert. Die Verfolgung der Nonnen, erinnert paradoxerweise an die Verfolgung der Hexen im Mittelalter. Baptisten, Quäker und ähnliche Gruppen versuchte man so schnell wie möglich auszurotten.

Gileads Sexualphilosophie ist extrem prüde und körperfeindlich. Pornographie, Ehebruch Abtreibung und Homosexualität wird mit dem Tode bestraft. Das erinnert an fundamentalistische islamische Religions-Auslegungen mit Verhüllung und Unterdrückung der Frauen. Das System scheint langsam Erfolg zu haben, da Desfred die westliche

---

74 Atwood, Margaret: Der Report der Magd. S. 310

75 Atwood, Margaret: Der Report der Magd. S. 126 (Vgl.: 1.Mose 30, 1-3)

76 Atwood, Margaret: Der Report der Magd. S. 127

Kleidung der japanischen Touristinnen, denen sie auf einem Einkaufsgang begegnet, bereits als unangenehm freizügig empfindet.

4.6 Hauptpersonen

4.6.1 Desfred

Desfred nennt zu keiner Zeit ihren wirklichen Namen. Die einzige Beschreibung von sich selbst gibt sie im Kapitel 24: „Ich bin dreiunddreißig Jahre alt. Ich habe braunes Haar. Ich bin eins- siebzig groß, ohne Schuhe. Es fällt mir schwer, mich daran zu erinnern wie ich früher ausgesehen habe. Ich habe funktionstüchtige Eierstöcke. Ich habe noch eine Chance."[77]

Desfred ist die Erzählerin und Protagonistin zugleich. Sie berichtet von den Vorgängen in Gilead und denkt oft an ihr altes Leben zurück. In der vorgileadischen Zeit arbeitete sie nach ihrem Studium zuerst in einer Versicherungsgesellschaft und danach, bis zu ihrer Kündigung, als Bibliothekarin. Sie hatte eine kleine Tochter, deren Namen sie auch nicht verrät und lebte mit ihrem Mann Luke und einer Katze, ein eher durchschnittliches Leben. Desfred wurde von ihrer Mutter allein großgezogen, die bei ihrer Geburt bereits 37 Jahre alt war. Da ihre Mutter eine aktive Frauenrechtlerin war und Desfred ihre radikalen Ansichten nicht unbedingt teilte, gerieten beide oft aneinander. Trotzdem vermisst Desfred ihre Mutter in Gilead sehr und wünscht sie sich in ihre Nähe. Ihren Mann Luke lernte sie kennen als dieser noch mit seiner ersten Frau verheiratet war. Die beiden hatten zunächst ein Verhältnis, bis Luke sich scheiden ließ. Desfred deutet an, dass Lukes erste Frau sehr unglücklich über den Verlauf der Dinge war, scheint aber kein Mitleid für sie aufzubringen.

Ihre beste Freundin Moira ist eine regelbrechende Kämpfernatur, die immer und überall zu provozieren versucht. Zu ihr schaut Desfred auf und bewundert ihren Mut. Für sie ist es eine Enttäuschung, Moira als Prostituierte zu sehen, sie hatte immer gehofft, dass einer wie Moira die Flucht gelingen würde.

Vor drei Jahren kam Desfred, nach ihrem gescheiterten Fluchtversuch ins *Rote Zentrum* und war bisher bei zwei Kommandantenstellen, in denen sie nicht schwanger geworden ist. Ihre jetzige Stelle ist zugleich ihre letzte Chance. Desfred ist vom brutalen System eingeschüchtert. Um ihrem Leben noch etwas Sinn zu geben begeht sie minimale Re-

---

77 Atwood, Margaret: Der Report der Magd. S. 197

gelverstöße, wie das Wackeln mit den Hüften bei der Sicherheitskontrolle oder das heimliche Aufbewahren von einem Stück Butter. Neuerung erfährt ihr trostloses Leben durch die heimlichen Treffen mit dem Kommandanten. Sie liebt den Kommandanten nicht im Entferntesten und freut sich dennoch auf die gemeinsamen Treffen mit ihm, da diese für sie eine Abwechslung bedeuten. Beide, der Kommandant und sie, profitieren von diesen Treffen. Der Kommandant versucht oft vor Desfred die Veränderungen, die Gilead mit sich gebracht hat, zu rechtfertigen. Obwohl Desfred von Treffen zu Treffen mehr Selbstvertrauen im Umgang mit ihm gewinnt, protestiert sie nie gegen seine fadenscheinigen Argumente oder geht auf eine Diskussion mit ihm darüber ein. Sie weiß, dass dies sie nicht weiterbringen könnte.

Desfred verliert das Interesse am Kommandanten, als sie beginnt sich zusätzlich heimlich mit Nick zu treffen. Diese Treffen finden unter Lebensgefahr statt, doch sie sind das Einzige geworden, was Desfred noch für lebenswert empfindet. In ihrem tiefsten Innern denkt sie noch immer an Luke, doch bei Nick findet sie wonach sie sich so sehr gesehnt hat, Sicherheit und Geborgenheit. Sie steigert sich in diese Gefühle rein und versucht damit sich selbst zu täuschen, um die Situation erträglicher zu machen.

Desfred ist eine einfache Frau und keine typische Heldin. Statt um Rebellion stehen ihre privaten Probleme, die Sorge um Mann und Kind im Vordergrund. Ihre eigene Unterdrückung, sowie die Unterdrückung aller Frauen, rufen nicht ihre feministische Seite hervor, sondern wecken in ihr das Bedürfnis nach Liebe und Leben. Die Treffen mit Nick bedeuten ihr soviel, dass sie keinerlei Interesse mehr für Desglen, ihre Einkaufspartnerin und Mitglied der Untergrundorganisation „Mayday“ oder für eine mögliche Flucht aufbringt. Während sie dies rückblickend erzählt, schämt sie sich zugleich dafür. Desfreds damalige Reaktion beruhte darauf, dass sie es geschafft hat, nach all dem langen Leiden, sich so etwas wie ein Leben eingerichtet zu haben.

Was aus Desfred geworden ist, ob ihr die Flucht gelungen ist und ob sie ihre Tochter jemals wieder gesehen hat, werden wir wohl nie erfahren. Sicher ist nur, dass ihre Aufzeichnungen auf Tonband gefunden wurden und ihre Geschichte der Forschung im Jahre 2195 dienlich ist.

4.6.2 Kommandantin

Die Ehefrau des Kommandanten ist deutlich älter als Desfred, hat blondes Haar, blaue Augen und trägt unter ihrem blauen Gewand einen großen Diamantring. Sie scheint stark zu rauchen und geht vermutlich aus gesundheitlichen Gründen, am Stock. Offensichtlich liegen ihre besten Jahre bereits hinter ihr.

In ihrem früheren Leben war sie einmal sehr hübsch und arbeitete unter dem Künstlernamen Serena Joy als Gospelsängerin in der TV-Sendung „Andachtsstunde für heranwachsende Seelen". Später hielt sie Reden und es wurden sogar Artikel in Zeitungen über sie veröffentlicht. Ihr wirklicher Name war Pam und ihre Reden handelten von der Stellung und Aufgabe der Frau. Sie vertrat die konservative Ansicht, dass Frauen für die Hausarbeit zuständig seien sollen und das, obwohl sie selbst ein anderes Leben führte. Es wurde sogar einmal ein Anschlag auf sie verübt, indem jemand eine Bombe in ihrem Wagen versteckte. Später wurden Vermutungen laut, dass sie selbst den Anschlag arrangiert hatte, um Aufmerksamkeit zu erregen. Ihre schauspielerischen Fähigkeiten ließen sie auf Knopfdruck vor der Kamera weinen, Desfred und Luke machten sich damals zwar über ihre Auftritte lustig, doch Desfred fand sie sogar damals schon irgendwie beängstigend.

In Gilead ist sie allerdings wie alle Frauen zur Untätigkeit verdammt. Ihr Territorium ist der Garten und das Wohnzimmer. Um sich zu beschäftigen strickt sie Schals, für die Soldaten an der Front. Ob diese Schals tatsächlich gebraucht werden, ist fraglich. Außerdem erinnert das Design der Schals eher an Kinderschals, ein Zeichen für ihren großen Kinderwunsch. Weiterhin arbeitet sie häufig im Garten und ihre Pflanzen und Blumen scheinen prächtig zu gedeihen. Wahrscheinlich benutzt sie die Gartenarbeit als Ausgleich zu ihrer eigenen Unfruchtbarkeit, unter der sie zweifellos leidet.

Gleich bei der ersten Begegnung macht sie Desfred die Regeln klar: sie möchte sie so wenig wie möglich sehen und Desfred hat sich von ihrem Ehemann fernzuhalten. Mehr als einmal lässt sie Desfred ihre Macht und die Hierarchie im Hause spüren, insbesondere bei der Befruchtungsaktion, wenn sie die Hände Desfreds mit Absicht besonders fest zu halten scheint. Zweifellos ist der Geschlechtsakt von Desfred mit ihrem Mann für sie ebenso demütigend wie für die anderen beiden. Sie ignoriert Desfred wo es nur geht, aber da sie sich tatsächlich ein Kind wünscht und sie dann ja auch von der Anwesenheit einer Dienerin befreit wäre, arrangiert sie die hochverbotenen Treffen mit Nick. In ihrer Vermutung ist der Kommandant unfruchtbar. Auch das sonstige Verhältnis zu ihrem Ehegatten scheint nicht besonders liebevoll zu sein, nicht zuletzt da Serena Joy weiß, dass ihr Mann sie mit Desfreds Vorgängerin betrogen hat. In keiner einzigen Szene kommuniziert sie mit ihm, die beiden scheinen eher wie zwei anonyme Mitglieder des Haushalts nebeneinander herzuleben. Wenn möglich versucht sie ihren Ehemann zu sticheln, indem sie ihn vor der Wohnzimmertür warten lässt. Als sie später herausbekommt, dass sich der Kommandant auch mit Desfred heimlich getroffen hat, ist sie wütend und verletzt. „Du hättest mir etwas übrig lassen können, "[78] ist ihr Kommentar dazu, sie fühlt sich hintergangen und ausgeschlossen.

In ihrem früheren Leben, als sie noch die starke Persönlichkeit Serena Joy war, hätte sie vermutlich nicht so mit sich umspringen lassen. Als Ehefrau des Kommandanten, ist sie auf ihn angewiesen, da sie wie alle Frauen rechtlos ist.

4.6.3 Kommandant

Der Kommandant wird äußerlich von Desfred mit einem Bankdirektor aus dem mittleren Westen verglichen, er hat glatte, säuberlich gestriegelte Haare, trägt einen Schnurbart und sein Kinn erinnert sie an eine Werbefigur für Wodka-Reklame. Sein Auftreten bei Zeremonien ist sanft, etwas verschüchtert und verwirrt. Seine blauen Augen sind wenig mitteilsam und von vorgetäuschter Harmlosigkeit.

Der Kommandant ist einsam und hat zu seiner Ehefrau Serena Joy ein liebloses und sehr unterkühltes Verhältnis. Sie scheint ihm rein gar nichts zu bedeuten, da er sie ständig mit den Mägden hintergeht. Andererseits scheint er Respekt vor ihr zu haben, da er sich in den Räumen des Hauses, die ihr zustehen, wie ein Fremder bewegt.

Desfred gegenüber verhält er sich bei den ersten Treffen erst unsicher und taut dann mehr und mehr auf. Anfangs posiert er noch vorm Schreibtisch, dann lässt er sich in Desfreds Gegenwart mehr und mehr gehen und zum Schluss sitzt er ihr betrunken zu Füßen. Trotz allem wird seine weit höhere Stellung nie in Frage gestellt. Er möchte Desfred kennen lernen und ihr auch eine Möglichkeit zur Ablenkung bieten, dennoch ist sie für ihn austauschbar und er hat keine wahren Gefühle für sie. Ferner mangelt es ihm sehr an Einfühlungsvermögen, für die Situation der Mägde.

Im Roman nimmt er durch Gespräche mit Desfred die Funktion ein, Gileads System aus der Sicht eines Befürworters zu erklären. Er erläutert ihr die Gründe für die Art und Weise in der Gilead konstruiert wurde, aus Sicht der Männer, indem er ihr die angeblichen Missverhältnisse der vorgileadischen Zeit vor Augen hält. Er beklagt sich vor allem über das frühere Verhältnis von Mann und Frau, indem die Männer mehr und mehr überflüssig wurden. Sex gab es damals im

---

78 Atwood, Margaret: Der Report der Magd. S. 385

Überfluss, so dass es am Ende für Männer keinen Reiz mehr bedeutete mit einer Frau zu schlafen, sie konnten dabei nichts mehr empfinden.

Selbstverständlich sind seine Versuche vor Desfred, das neue System zu rechtfertigen lächerlich, beispielsweise als er ihr erklärt, dass es in der Natur des Mannes liegt, eine Vielfalt von Frauen zu bevorzugen. Dass dies im Widerspruch, zum Aufbau des staatlich geregelten Sexual- und Geschlechter-Verhältnisses in Gilead steht, scheint ihm nicht aufzufallen.

Im „Jesebel's" scheinen seine alten Männerinstinkte zu erwachen und er führt Desfred herum wie ein angeberischer Prahlhans. Im früheren Leben, war der Kommandant Frauen gegenüber vermutlich wesentlich schüchterner und ihm wäre es vermutlich nicht gelungen, eine Frau wie Desfred zu erobern.

Laut Professor Pieixotos Studien, könnte der Kommandant Frederick R. Waterford gewesen sein. Wenn dem so ist, war er ein Mitglied der „Söhne Jakobs" und damit Teilnehmer an den streng geheimen Staatsseminaren, in denen die Philosophie und die Sozialstruktur Gileads erarbeitet wurde. Auch wenn der Kommandant an der Entwicklung des Staates maßgeblich mitgewirkt haben sollte, sieht auch er die vielen, unvermeidlichen Mängel des Systems. „Man kann kein Omelett machen, ohne Eier zu zerschlagen,...Wir dachten wir könnten es besser machen.... Besser bedeutet nie, besser für alle, sagt er: Es bedeutet immer, schlechter für manche."[79] Der Kommandant schreckt in seinem mitorganisierten Staat allerdings nicht vor eigenen Regelverstößen zurück. Er besitzt verbotene Bücher und Relikte aus vorgileadischer Zeit und trifft sich heimlich mit der Magd. Allerdings ist er damit nur einer von vielen regelbrechenden Männern, wie im Bordell „Jesebel`s" deutlich wird.

4.7 Symbole und Sprache

4.7.1 Farben

Farben tragen bei dem Roman einerseits zur Stimmung bei, Desfreds fast komplett weißes Zimmer erinnert an einen sterilen Krankenhausraum, andererseits dienen die Farben in Gilead zur optischen Unterscheidung des Klassensystems der Frauen.

Die Dienerinnen sind am auffälligsten gekleidet. Sie tragen weiße Flügel als Kopfbedeckung und sind ansonsten komplett in Rot gehüllt.

[79] Atwood, Margaret: Der Report der Magd. S. 288

Die Flügel erinnern an Kopfbedeckungen von Nonnen und erfüllen gleichzeitig den Effekt der Vermummung und den von Scheuklappen. Rot erinnert an Blut, Blut des erhängten Exekutierten, Blut der monatlichen Periode und rot ist die Farbe der Sünde.

Die Ehefrauen der Kommandanten tragen unterkühltes blau, während die Haushaltshilfen, (Marthas) in dunkelgrün gekleidet sind. Desfred erinnert deren Kleidung an frühere Chirurgenkittel. Marthas besitzen auch einen Schleier, den sie in der Öffentlichkeit tragen. Alle Kleider sind weit geschnitten, sie dienen, wie die Frauentrachten in islamischen Ländern, zur Verhüllung der Gestalt, und damit der Unterdrückung sexueller Reize. Selbst die Schirme und Schuhe sind in den jeweiligen Farben gehalten, um jegliche Individualität zu verhindern.

Die Unfrauen in den verseuchten Kolonien tragen grau, die Farbe der Hoffnungslosigkeit.

Die Wagen der Kommandanten sind schwarze und damit anonyme Prestigeobjekte, die Desfred an Leichenwagen erinnern.

4.7.2 Sprache

Der Staat Gilead gründet sich zum Großteil auf theokratische Grundsätze. Dies wird auch in der Vielzahl der verwendeten biblischen Begriffe deutlich.80 Wie häufig in Diktaturen werden auch in Gilead Wortschöpfungen kreiert um damit das Volk zu beeinflussen. Die zweifellos staatlich eingeführten Sprachformeln, hören sich an wie eine Mischung aus Fruchtbarkeitshuldigung und Gebetsformel. Dienerinnen begrüßen sich mit „Gesegnet sei die Frucht", die dazu passende Erwiderung lautet: „Möge der Herr uns öffnen" [81]. Zur Verabschiedung dient die Formel „Unter seinem Auge". Offenbar ist mit „seinem Auge" das Auge Gottes gemeint. Dieser Satz erinnert an die ständige Überwachung des Staates, in Tradition von „Big brother is watching you".

Der gleiche doppeldeutige Hintergrund, wurde bei dem Namen des Geheimdienstes, die *Augen*, verwendet. Das dazu passende Symbol: Ein Auge vor dem Hintergrund weißer Engelsflügel findet sich auf den Gefangenen-Wagen. Auch für die anderen männlichen Militärberufe in Gilead werden religiöse Bezeichnungen, die eher an den Berufsstand des Klerus erinnern, verwendet. So werden die in grün gekleideten Kontrollbeamten an den Durchgangssperren zu *Wächter des Glaubens*[82].

---

80 S. Anhang: Biblische Namen, S. 108

81 Atwood, Margaret: *Der Report der Magd. S. 35*

82 Atwood, Margaret: *Der Report der Magd. S. 37*

Ihr Symbol sind zwei gekreuzte Schwerter vor einer weißen Pyramide. Die an der Front kämpfenden Soldaten werden zu *Engeln*.

Die extremste sprachliche Neuerung des Staates Gilead ist die Benennung der Dienerinnen. Diesen Frauen wurde jegliches Recht auf Besitz und Individualität genommen, nicht einmal ihren Namen durften sie behalten. Ihnen wurde ein neuer Name zugewiesen, der nicht einmal jetzt ihr eigener ist, sondern dieser wird pro Haushalt immer wieder neu vergeben. Der Name ist ein Patronym, der aus dem Possessivartikel „Des", also „Besitz von" plus die Namensabkürzung des jeweiligen Kommandanten gebildet wird. So gibt es Desfred, Desglen, Deswarren usw.

4.8 Botschaft

„Zu viele Menschen seien zu sorglos", warnt Margaret Atwood, zu oft bekomme sie zu hören, „so etwas könne bei uns nicht passieren" [83]Damit wird deutlich, das Atwood ihren Roman als Warnung versteht. *Der Report der Magd* gehört damit eindeutig zur Tradition der antiutopischen Literatur. Wie bei Orwell haben die Menschen keine persönliche Freiheit, alle ihre Aufgaben und Pflichten dienen dem Funktionieren des Staates. Es herrscht Kriegszustand, von dem die Bevölkerung nur ungenau informiert ist. Margaret Atwood nimmt oft Bezug auf das Nazi-Regime während des 2.Weltkrieges, wie z. B. die Judenverfolgung und Bücherverbrennungen. Die Untergrundorganisationen erinnern an die Weiße Rose und der Tagebuch-Charakter erinnert an die Tagebücher der Anne Frank. Das System der Überwachung durch Spitzel, die Fluchtversuche über die Grenze, sowie die Kollektiv-Veranstaltungen wie Massenhochzeiten erinnern an kommunistische Staaten, wie die Sowjetunion oder die DDR.

Ebenfalls thematisiert und warnt Atwood vor der Umweltzerstörung. Dabei spricht sie von Kraftwerkunfällen, biochemischen Waffen und selbstgezüchteten Viren.

Eine Besonderheit im Vergleich zu früheren Genre-Vertretern, stellt die Geschlechterunterdrückung dar. Atwood warnt vor Unterdrückung der Frau, deren Gleichberechtigung, geschichtlich betrachtet, erst vor relativ kurzer Zeit eingeführt wurde und bloße Reduzierung auf den deren Körper. Witzigerweise stellt sie die Forderungen von Frauenrechtlerinnen und religiösen Fanatikern der heutigen Gesellschaft in Kontrast zur tatsächlichen Umsetzung in Gilead. Die einzige dem Sys-

---

83 Warnung vor Gilead. In: Der Spiegel. Nr. 23, 41. Jahrg. Vom 01.06. 1987

tem zustimmende Figur Tante Lydia stellt ihre Männerfeindschaft offen zur Schau, mit dem System des Patriarchats eigentlich unvereinbar. Serena Joy warb für die Rückkehr der Frauen an den häuslichen Herd und genau das wurde im Staate Gilead umgesetzt, allerdings hatte sich Serena Joy ihr Leben in Gilead sicherlich nicht so vorgestellt. Desfreds Mutter warb für das genaue Gegenteil, sie und ihre Mitstreiter wollten mehr Rechte und Selbstbestimmung für die Frau, sie forderten das Ende der sexuellen Ausbeutung und verbrannten Pornohefte. Desfreds Mutter hat in Gilead eine mögliche Umsetzung ihrer Forderung erlebt. Pornographie und Prostitution sind in Gilead verboten. Die Frauen sind vor illegalen sexuellen Übergriffen vollkommen geschützt. Doch zu welchem Preis? Der Roman verführt somit zu Auseinandersetzungen zwischen feministischen und fundamentalistischen Positionen.

Die Hauptperson Desfred ist nun ausgerechnet keine Feministin oder sonstige Frauenrechtlerin und wird im Laufe des Buches auch zu keiner. Atwood wählte Desfreds Entwicklung, des immer geringer werdenden Widerstandes, um realistisch zu zeigen, wie ein Individuum an lang anhaltender Unterdrückung langsam zerbricht.

Außerdem zeigt Atwood wie wichtig Bildung und freie Presse sind. Schlecht gebildete Menschen können mit Hilfe manipulierter Medienberichterstattung leicht unterdrückt werden, da ihnen die Information und die nötigen Fähigkeiten fehlen, um ein System kritisch hinterfragen zu können.

Das System von Gilead zeigt überall deutlich seine Brüchigkeit, fast alle handelnden Figuren begehen Regelverstöße. Das wird besonders am Kommandanten deutlich, wenn nicht einmal einer der Gründer hinter der Philosophie steht, scheint das ein unausgesprochenes Fehler- Eingeständnis zu sein.

Außergewöhnlich ist ebenfalls das letzte Kapitel der „Historischen Anmerkungen". Rückblickend wird über eine frühere Epoche des Staates Gilead gesprochen. Damit ist erkennbar, dass Gilead scheiterte und schon lange nicht mehr existiert. Atwood hat also eine zeitlich begrenzte Antiutopie erschaffen. Die Atmosphäre der Vortragsrunde ist recht locker und das häufige Gelächter der Zuhörer soll zweifelsohne einen Kontrast zur vorangegangen Geschichte Desfreds bilden. Inzwischen ist eine sehr lange Zeit vergangen und die Forscher des Jahres 2195 blicken mit großem Abstand auf die damaligen Ereignisse zurück. 200 Jahre später ist die Zeit und Geschichte Desfreds nur eine von mehreren vorangegangenen Epochen. Schockierend ist die emotionslose Aussage Pieixotos, nichts moralisch kritisieren zu wollen, da alles im kulturspezifischen Zusammenhang gesehen werden muß und die gileadische Gesellschaft damals eben unter großem Druck gestanden sei. Man bekommt aber auch ein Gefühl der Erleichterung, dass das Schreckens-Regime Gileads ein Ende gefunden hat

4.9 Rezensionen

Margaret Atwoods *Der Report der Magd* wurde mit dem *Governor General's Award* und dem Preis des Science-Fiction-Genres *Arthur C. Clarke Award* ausgezeichnet.

Der Roman wurde unter dem Titel *Die Geschichte der Dienerin* 1989 von Volker Schlöndorff verfilmt und sogar 1997 in der Oper *The Handmaid´s Tale* von Poul Ruders verarbeitet.

Einige Kritiker reihten Atwoods *Der Report der Magd* zu den großen Antiutopien des 20. Jahrhunderts ein. „Schreckliche schöne Welt- mit ihrer negativen Utopie vom Großen Bruder Gilead hat sich Margaret Atwood in die Nachfolge Aldous Huxleys und Georg Orwells hineingeschrieben."[84] Die Rheinische Post lobt Atwoods Geschick, die Unterdrückung durch einen Staat an den Auswirkungen auf ein Individuum deutlich zu machen. „Das Beklemmende an Margaret Atwoods Roman ist, dass er unbarmherzig durchspielt, wie wir aufgeklärten, humanen und bewussten Menschen uns in solchen Strukturen verhalten würden. Und wie leicht wir hineingeraten können"[85]
Aber nicht alle Kritiker fanden ihr Werk positiv. So schrieb die Zeit über Desfreds Charakter, der für Petra Hallmeyer aus zwei Hälften besteht,

> "Sie zu vereinen, die Naht- und Bruchstellen spürbar zu machen, will Margaret Atwood nicht glücken. " und "In einen Menschen hineinzuschauen, der in der möglichen Zukunft unter keinem je erfahrenen Bedingungen lebt- das erfordert mehr als Phantasie und Kunstfertigkeit. Daran sind schon größere Autoren gescheitert."[86]

Sabine Sütterlin von der Weltwoche versteht die Aussage des Romans jedoch völlig anders:

84 Warnung vor Gilead. In: Der Spiegel. Nr. 23, 41. Jahrg. Vom 01.06. 1987

85 Pfister, Eva: Ein Report über Macht und Ohnmacht. In: Rheinische Post. Nr. 219 vom 19.09.1987

86 Hallmayer, Petra: Leben unter Aufsicht. In: Westdeutsche Allgemeine Zeitung. Nr. 275 vom 25. 11. 1987

" Ihre Utopie, von einem angelsächsischen Rezensenten als " gynäkologisches 1984" bezeichnet, liest sich ebenso spannend wie Orwells 1984 oder Huxleys "Schöne neue Welt" - wenn solche Vergleiche überhaupt nötig sind. Atwood versucht, wie Orwell, gar nicht erst, eine bis ins letzte Detail auf logischem Zusammenhang durchdachte Science- fiction Welt herzustellen. Ihr geht es um eine groteske Übersteigerung bestehender Zustände- und um das langsam erwachende Bewusstsein der erzählenden Magd."[87]

4.10 Verfilmung: Die Geschichte der Dienerin

Der Roman wurde unter dem Titel *Die Geschichte der Dienerin* [88] 1989 verfilmt und kam 1990 in die deutschen Kinos. Auch wenn Volker Schlöndorff die Autorin Margaret Atwood bei der Verfilmung zu Rate gezogen hat, stechen einige inhaltliche Veränderungen sofort ins Auge. Zunächst einmal lernt Desfred Moira gleich zu Anfang im *Roten Zentrum* kennen. Moira, im Buch schon seit der Studienzeit mit Desfred befreundet, fehlt hier als Verbindungsglied zur früheren Welt. Da auch die Geschichte von Desfreds Mutter nicht erwähnt wird, fehlt hierbei der Bezug zu kämpfenden, demonstrierenden Frauenrechtlerinnen, deren Wünsche auf zynische Art in Gilead umgesetzt wurden. Desfred nennt Moira gleich zu Anfang ihren richtigen Namen „Kate", vermutlich zur Vereinfachung für den Zuschauer. Aber gerade das völlige Geheimhalten ihres echten Namens, sowie des Namens ihrer Tochter unterstreicht im Buch die Anonymität und verlorene Identität aller Mägde (Dienerinnen) in Gilead, denen im Film übrigens auch die weiße Nonnen-Flügelhaube erspart geblieben ist. Dazu schreibt der Kölner Stadtanzeiger:

87 Sütterlin, Sabine: Gebürstet und gefüttert, wie ein Preis- Schwein. In: Die Weltwoche. Nr. 20 vom 14.05.1987

88 Die Geschichte der Dienerin. (USA, 1989. Prod.: Daniel Wilson; Drehbuch: Harold Pinter; Regie: Volker Schlöndorff. 105 Min

„Und Harold Pinter gab ihr auch ihren Namen von „früher" – als Person „Kate" ist sie im Film mindestens so stark präsent wie Objekt „Offred" (Desfred). Das hat Symbolcharakter für die Ebene der künstlerischen Umsetzung, die Verfremdendes erzählend Vermenschlicht. Was die formale Originalität schmälert, ist zugleich eine Entscheidung für eine breitere Übersetzbarkeit. Und imaginatives filmisches Erzählen war ja noch nie Schlöndorffs Sache." [89]

Optisch sehr gelungen ist der Kontrast zwischen der warmen, fruchtbaren Frühlingslandschaft und der Kälte des Roten Zentrums, sowie der menschlich-kühlen Steifheit im Hause des Kommandanten. „Mit feiner Ironie setzt Schlöndorff Zeichen: Dem seelischen und geistigen Tod stellt der Regisseur eine geradezu üppig wuchernde Natur gegenüber, die in einem Meer von Farben in den Gärten der Herrschenden explodiert." [90]Das totalitäre System und die Kollektivierung der Gesellschaft wird durch uniformierte Massenszenen der Dienerinnen, blendend weiße Überwachungsscheinwerfer, Totalen und Weitwinkelobjektiv dargestellt.

Zur Vereinfachung änderte Volker Schlöndorff auch die Erzählperspektive und Abfolge mancher Ereignisse. Statt in subjektiven Rückblenden, die den Leser nur nach und nach die einzelnen Handlungsstränge zusammenfügen lassen, lässt Schlöndorff die Geschichte chronologisch ablaufen und bringt gleich zu Anfang die dramatische Flucht von Desfred und ihrer Familie, die auch optisch beeindruckend umgesetzt wurde. „Ein Panoramaschwenk über eine schneebedeckte Berglandschaft, der jähe Sprung in die Nahaufnahme, das einsetzende Trommelfeuer von Bild und Ton, verzerrte Halleffekte. Naturschönes kollidiert mit Menschengewalt." [91]Die inhaltlich wichtigen Unterschiede bilden allerdings Schlöndorffs Schwerpunktsetzung einer aktiven, widerstandleistenden Desfred, im Vergleich zum Vorbild der passiven Desfred aus dem Buch. Im Film hilft Desfred Moira zu fliehen, bittet Nick selbst um die gemeinsame Flucht und stößt dem Kommandanten schließlich ein Messer in die Halsschlagader.

---

89 Desalm, Brigitte: Biblisch und doch verflucht: „ Die Geschichte der Dienerin", erster deutscher Berlinale- Beitrag. In: Kölner Stadt- Anzeiger. Nr. 35/ 38 vom 10.02.1990

90 Nolde, Rainer: Kühle Bilder und schroffe Striche. In: Die Welt. Nr. 36 vom 12.02.1995

91 Körte, Peter: Bilderbuchhaft totalitär: Volker Schlöndorff verfilmt „ Die Geschichte der Dienerin". In: Frankfurter Rundschau. Nr. 39 vom 15.02.1990

Während das Ende Desfreds im Roman offen bleibt, traute sich Volker Schlöndorff nicht an einem Happy End vorbei. Desfred ist schwanger in der Sicherheit, der von Rebellen besetzten Berge, landschaftlich eine Abrundung zur schneebedeckten Berglandschaft der Flucht, wartet und hofft auf ein Nachkommen Nicks und eines Tages ihre Tochter wieder zu sehen. „Der Schluss im Film weist dieses Metasymbol privater Familienzusammenkunft in der Halbtotalen einer einsam an der Grenze, nahe einem Wohnmobil, (das lebensspendende) Wasser holenden, schwangeren Kate.“ [92]Das Weglassen der "Historischen Anmerkungen" des Buches, also der Rückblick einer Historikertagung des Jahres 2195 auf die Aufzeichnungen Desfreds und damit die Deutlichmachung, dass das Regime Gilead wie alle Diktaturen keinen Ewigkeitswert besaß, verleiht dem Film eine völlig andere Pointe.

> „Deutlich zeichnet sich auch in der Fortlassung des weit in die Zukunft von 2195 projizierten Rückblicksrahmens des Romans- ...- eine filmische Neuinterpretation zugunsten der Hoffnung Kates auf Wiedergewinn ihrer Familie ab: eine Wiederentdeckung psychologischer Sehweisen im Zuge privater und familienbezogener Werte.“ [93]

4.11 Bezug zur Gegenwart [94]

4.11.1 Christlicher Fundamentalismus in den USA

Ein fundamentalistischer Staat wie Margaret Atwoods Gilead, lässt uns Westeuropäer zunächst an islamische Staaten mit ihrer strengen Religionsauslegung denken. Doch auch im „Land der unbegrenzten Möglichkeiten", der aufgeklärten USA, sind in der heutigen Gegenwart fundamentalistische Christengruppierungen mehr und mehr vertreten. Erschreckender Weise gehen diese Strömungen von den großen Kirchen aus. Besonderer Beliebtheit erfreut sich die Lehre des Kreationismus. Kreationisten lehnen die Sichtweise der Naturwissenschaft, im Besonderen die Evolutionstheorie, ab. Sie bestreiten auch die Entwicklung der menschlichen Spezies, die geologische Erdgeschichte, die Entwicklung des Sonnensystems und den Ursprung des Universums. Sie legen dagegen die Bibel wörtlich aus. Der US-Präsident Georg W.

---

92 Wehdeking, Volker: Volker Schlöndorffs Filme nach 1990. In: Braun, Michael/ Kamp, Werner: Kontext Film. Film und Literatur. - Berlin: E. Schmidt Verl., 2006, S. 200

93 Wehdeking, Volker: Volker Schlöndorffs Filme nach 1990, S. 200

94 S. Anhang: Unterdrückung der Frau, S.109

Bush ist ein bekannter Vertreter von funda-mentalistischen Haltungen. Er selbst setzt sich dafür ein, dass der Kreationismus, also die biblische Schöpfungslehre, in Schulbüchern wieder gleichwertig neben die Evolutionslehre gestellt wird. Da in den USA bisher das religiöse Lehren in öffentlichen Schulen verfassungswidrig ist, versuchen die Kreationisten ihre Sichtweise in Form einer wissenschaftlichen Basis durchzubringen, sie nennen ihre Theorie *Intelligent Design*[95]. Vor Gericht hatten sie bisher noch keinen Erfolg. Allerdings hat die erste Schulbehörde im US-Bundesstaat Kansas angeordnet, *Intelligent Design*[96] gleichberechtigt neben der Evolutionslehre in den Schulen zu unterrichten. Eine wichtige kreationistische Organisation in den USA ist die „Creation Research Society", eine Organisation, die den Junge-Erde-Kreationismus vertritt. Auch die weltweitverbreitete Pfingstbewegung teilt diese Auffassung. Wie erfolgreich solche christlichen Predigten in den USA bisher waren, zeigt sich an der Umfrage aus dem Jahre 2000:

> „Das Pew Forum on Religion and Public Life befragte rund 2000 US-Amerikaner über ihre Vorstellung von der Entwicklung des Lebens. Wie der Onlinedienst der «New York Times» am heutigen Mittwoch berichtet, glauben 42 Prozent der Befragten, dass «die Lebewesen seit Anbeginn der Zeit in ihrer heutigen Form existierten». Diese Auffassung steht im Widerspruch zur Darwinschen Evolutionstheorie, nach der die Arten schrittweise, in einem Prozess von genetischer Veränderung und natürlicher Auslese entstanden... 38 Prozent aller Befragten wollen, dass diese Form der Schöpfungstheorie, das «Intelligente Design», anstelle der biologischen Theorie gelehrt wird. Die Mehrheit von 64 Prozent will beide Theorien nebeneinander lehren lassen."[97]

Eine weit gefährlichere fundamentalistische Bewegung ist die so genannte „Christian Identity Movements". Dazu werden Gruppierungen gezählt, die extreme Auffassungen vertreten und diese mit Gewalt

---

95 Tageschau: Vgl.: www.tagesschau.de/ Artikel Niederlage für christliche Fundamentalisten in USA

96 Science@home: www.science-at-home.de/lexikon: Intelligent Design (ID) ist eine dem kreationistischen Gedankengut nahe stehende Anschauung, die die Behauptung aufstellt, dass das Leben wenn nicht durch die Schöpfung in sechs Tagen, so jedenfalls nicht durch eine planlose, zufällige Evolution entstand. Nach Auffassung von ID ist das Leben zu komplex, um rein zufällig zu entstehen, weshalb die Anhänger der Bewegung hinter solchen Fragen eine übergeordnete Kraft sehen, eine Art göttlichen Plan.

97 Netzeitung.de: www.netzeitung.de/wissenschaft /*US-Amerikaner unterstützen Schöpfungstheorie*

durchsetzten möchten. Zu ihnen gehören unter anderem die „Aryan Nations", der „Ku Klux Klan" und die „Church of Jesus Christ Christian". Die Bewegung hat keine einheitliche Theologie, allerdings in wichtigen Punkten die gleiche Auffassung. Dazu zählt der Glaube, dass die nordische Rasse von den zehn verlorenen Stämmen Israels abstammt und der tatsächliche Nachfolger des biblischen Israels ist.

Serena Joy vertrat in ihrem früheren Leben eine konservativ-christliche, in den Grundzügen eventuell schon fundamentalistische Bewegung. Sie arbeitete als Gospelsängerin in der TV-Sendung „Andachtsstunde für heranwachsende Seelen" und hielt Reden zum Thema der Stellung und Aufgabe der Frau. Ihrer Ansicht nach waren Frauen für die Hausarbeit zuständig und sollten sich aus dem Berufsleben fernhalten. Ähnliche Meinungen, sogar noch viel radikaler vertreten die evangelischen Fundamentalisten in den USA, die sich als „Saubermänner" der Nation fühlen.

> „Sie wenden sich gegen wissenschaftlichen Fortschritt, gegen den Darwinismus, gegen eine moderne Sexualmoral und sind natürlich gegen den Schwangerschaftsabbruch....Erstaunlich ist, dass auch die Baptisten, die größte protestantische Kirche der USA, die eigentlich als aufgeschlossener galt, enger und fundamentalistischer wird. So hat der Vorstand der Southern Baptist Convention mit ihren 16 Millionen Mitgliedern beschlossen, dass sich die Frauen in Zukunft ihren Männern „huldvoll zu unterwerfen haben". Ein Weg zurück ins Mittelalter? [98]

Desfreds Mutter vertrat in der vorgileadischen Zeit die genau gegenteiligen Ansichten zu Serena Joy, allerdings nicht minder radikal. Sie und ihre feministischen Mitstreiter wollten mehr Rechte und Selbstbestimmung für die Frau und sie forderten das Ende der sexuellen Ausbeutung. Selbstverständlich richten sich auch die fundamentalistischen Bewegungen der USA gegen Pornographie und Prostitution.

> „Christliche Organisationen scheinen in den USA immer größeren Einfluss auf Politik und Medien zu bekommen. Das jüngste Beispiel liefert Einzelhandelskonzern Wal-Markt, der jetzt auf Druck christlicher Gruppen drei Männermagazine aus den Regalen nahm, die man den Käufern wegen ihrer aufreizenden Fotos nicht mehr zumuten mochte. Dabei zeigt keines der drei

98 Bund für Geistesfreiheit: http://bfgb.de/ „Fundamentalismus und religiöser Fanatismus in der Welt von heute" / Vortrag von Helmut Steuerwald

pornografisches Material. Nicht einmal ein vollständig nackter Körper ist in den US-Ausgaben der Magazine erlaubt. „[99]

Serena Joy arbeitete vor Gilead für eine TV-Prediger Show, auch in Gilead werden christliche Lehren auf allen verbliebenen Fernsehkanälen verbreitet. In den USA gibt es seit Beginn des Rundfunks religiöse Sendungen, die heutzutage auch im Fernsehen verbreitet werden. Anfangs handelte es sich nur um Inhalte der großen Kirchenparteien, inzwischen sammelten auch fundamentalistische und andere extreme Gruppierungen genug Spenden um eigene religiöse Programme zu entwickeln.

> „Der Anteil von Radiostationen mit überwiegend christlichem Programm an allen Stationen ist von 1990 bis 1996 von acht auf 12,5 Prozent angestiegen. 1995 strahlten 1463 Stationen ein vornehmlich religiöses Programm aus, 1998 waren es 1616. Die 111 christlichen Fernsehstationen (Stand ca. 1995) machen 7 Prozent aller Anbieter in den USA aus, 1998 waren es schon 242. Christliche NRB- Radiostationen über UKW gab es 1998 deren 829." [100]

Einer der bekanntesten US-amerikanischen TV-Prediger dürfte *Pat Robertson* sein. Er ist der Gründer der fundamentalistischen „Christian Coalition" und Moderator der US-amerikanischen Fernsehsendung *The 700 Club*. Seine Sendung kann mittlerweile in 71 Sprachen und 180 Ländern empfangen werden. Robertson ist ebenfalls Gründer und Präsident der Anwaltskanzlei und Lobby-Gruppe des „American Center for Law and Justice". Diese vertritt die Rechte religiöser US-Amerikaner, setzt sich wie Serena Joy in Gilead, für das traditionelle Familienbild und gegen Abtreibung ein. Des Weiteren ist er der Verfasser des Buches *The New World Order*[101], in der er wahnwitzige Verschwörungstheorien beschreibt.

> „Hauptthema in Robertsons 1991 erschienenem Bestseller "The New World Order" ist eine bibelfundamentalistisch angereicherte Version der Theorie von der jüdisch-kommunistischen Weltverschwörung, der auch rechte Populisten und Neofaschisten huldigen. Die Verschwörungstheorie liest sich so: Es begann

---

99 Die Welt. de: (a) www.welt.de/ „Zu nackt fürs Kaufhaus In den USA boomen fundamentalistische christliche Medien - Wal-Mart verbannt Männertitel aus dem Sortiment"

100 Evangelische Fernbibliothek: www.efb.ch/Texte/adefusa.htm/ Evangelikalismus und Fundamentalismus, in den USA/ Konservative Protestanten und die Medien

101 Dt.: Die Neue Weltordnung

> im Jahre 1776, als Adam Weishaupt, ein von Satan besessener Erzfeind des Privateigentums, der Nationalstaaten und des Christentums die Geheimgesellschaft der Illuminati gründete, um damit die Logen der Freimaurer zu unterwandern. Die alsbald mit der Hochfinanz verschwisterten Freimaurer wurden zu den eigentlichen Drahtziehern der Französischen Revolution, deren kosmopolitische und gleichmacherische Ideen später in Marx kommunistisches Manifest eingingen. Ergebnis eines weiteren Komplotts internationaler Banker mit kommunistischen Internationalisten war die russische Revolution. Was einst die kommunistische Weltherrschaft war, ist heute die "new world order", angestrebt von der UNO, dem Council on Foreign Relations und der Trilateral Commission…" [102]

Seine Hauptforderungen sind allerdings die Aufhebung der Grenze zwischen Kirche und Staat, Homosexualität und Feminismus wird von ihm abgelehnt. „Feminismus bezeichnete er als sozialistische, antifamiliäre Bewegung, die Frauen dazu veranlasse, ihre Männer zu verlassen, ihre Kinder zu töten, Hexerei zu praktizieren, den Kapitalismus zu zerstören und lesbisch zu werden."[103] Robertson rief im August 2005 indirekt zur Ermordung des venezolanischen Präsidenten Hugo Chávez auf, was zu vielerlei Protesten führte. Des Weiteren erklärte er den Schlaganfall Ariel Sharon als gerechte Gottesstrafe. Robertson war 1988 in der republikanischen Partei sogar einmal als Kandidat für das Amt des US-amerikanischen Präsidenten im Gespräch. Tatsache ist, dass die gesellschaftliche Toleranz für den christlichen Boom seit den neunziger Jahren beinahe kometenhaft steigt. Wahrscheinlich wird Religion als eine Art Allheilmittel gegen bestehende krisenhafte Zeiten angesehen. Dass, eine tief religiöse Welt auch Schrecken bedeuten kann, stellt Atwood mit Gilead höchst anschaulich dar. Alle Anhänger dieser fundamentalistischen Bewegung sollten einmal hinterfragen wie die Welt denn aussehen würde, wenn alle ihre Forderungen tatsächlich strikt in die Tat umgesetzt werden würden.

---

102 Berliner Zeitung: www.berlinonline.de/berlinerzeitung/Gottgefällige Männer. Der Bund der Promise Keepers und das Netzwerk der Christlichen Rechten in den Vereinigten Staaten

103 http://de.wikipedia.org/wiki/Pat_Robertson

5 Der Mastercode [104]

5.1 Scott McBain Leben und Werk

Scott McBain ist das Pseudonym eines schottischen Autors, der 1960 in Stirling, Schottland, geboren wurde. Leider sind nur wenige Eckdaten über das Leben des Autors bekannt. Scott McBain lebte bis 1969 in Girvan, Schottland und zog nach der Scheidung seiner Eltern nach England. Er studierte (gefördert durch ein Stipendium der Fulbright-Kommission) von 1978 bis 1982 in Harvard am Peterhouse College und schloss sein Studium mit den Erwerb eines Magister der Rechtswissenschaft ab. Anschließend arbeitete er für verschiedene internationale Firmen und Banken. Zurzeit lebt Scott McBain in Panama, dem Heimatland seiner Ehefrau. Bisher sind drei seiner Bestseller veröffentlicht worden: *Die Geheimloge (The Mastership Game,* 2000), *Der Judasfluch (The Coins of Judas,* 2001) und *Der Mastercode* 2005.

5.2 Inhalt

Die Handlung des Buches spielt im Jahre 2020, die Welt ist durch ein globales Computernetzwerk mit dem Namen *Mother* verbunden, in der alle persönlichen und finanziellen Daten von fast allen Bürgern enthalten sind. Die neue Weltwährung heißt Global und die gesamte Menschheit wurde in Kreditklassen, so genannte Kreditratings eingeteilt. Große Macht haben demnach die Vorstände der marktbeherrschenden Multikonzerne.

Viele Politiker stehen unter dem Druck dieser Multikonzerne, genannt Globalcoms oder kooperieren mit ihnen. Nicht so der britische Premierminister James Reedon und die amerikanische Präsidentin Monica Dankwerts, die in ihren Ländern Gerechtigkeit und Moral zu erhalten versuchen und sich als Stimme des Volkes verstehen. Sie werden allerdings von den Mitgliedern ihres Kabinetts gedrängt die Zwangsregist-

104 McBain, Scott: Der Mastercode. Thriller – Dt. Erstausg.- München: Knaur, 2005. In der deutschen Ausgabe von Der Mastercode" steht, dass die Originalausgabe „Final solution" bei HarperCollins in Londen erschienen seien soll, dies ist jedoch nicht korrekt. McBain zählt in Deutschland zu den Bestseller- Autoren, in England jedoch nicht. Bei der deutschen Drucklegung war noch nicht abzusehen, dass „der Mastercode" in England nicht erscheinen würde, daher der unzutreffende Verweis auf HarperCollins im Impressum. Das bedeutet, dass außer McBains eigenem Manuskript kein englisches Original existiert.

rierung der noch nicht in *Mother* erfassten Menschen voranzutreiben. Da es in jedem Land zu starken Protesten und Demonstrationen gegen das Kreditrating-System gekommen ist, wird von beiden auch die Ausrufung des Kriegsrechts gefordert. Außerdem hat sich eine Verschwörergruppe gebildet, die versucht geheime Codes, welche zur Kommunikation der Regierungsoberhäupter dienen, zu entschlüsseln, um das System komplett kontrollieren zu können und damit eine Art Weltdiktatur vorzubereiten. Mitglieder dieser Verschwörergruppe sind Doug Sullivan, der stellvertretende Vorsitzende des Rates von *Mother* und Anthony Stone, der britische Außenminister.

Eine Entwicklung, die Lars Pedersen, der Vorsitzende des Rates von *Mother*, ein weiser alter Mann, schon vor langer Zeit vorausgesehen hat. Um den Plan der Verschwörergruppe zu vereiteln hat er vor Jahren einen Gegenplan entworfen. Mit Hilfe dreier Mastercode- Eingaben, lässt sich das komplette System von *Mother* deaktivieren. Einer dieser Zugangscode liegt im Tresor des britischen Premierministers, der zweite im Tresor der amerikanischen Präsidentin. Wer den Zugang zum letzen der drei Codes besitzt, behält er bis zu seinem Tode für sich. Nur einer seiner Assistenten namens Esko, weiß wer diese geheimnisvolle Person ist. Es ist die 21-jährige Finnin Pia, die nichts von ihrem Schicksal weiß. Pedersen wählte sie bereits vor 14 Jahren aus, da er in ihrem inzwischen vestorbenen Vater einen ehrlichen und aufrichtigen Menschen erkannte. Den geheimen Monitor, auf welchem Pia durch ihren Code das System deaktivieren kann, versteckte er in einer Fischerhütte in Finnland.

Die politische Lage spitzt sich mehr und mehr zu, James Reedon und Monica Dankwerts werden von ihren Regierungsmitgliedern gestürzt, konnten aber zuvor noch ihre Codes aktivieren. Esko und Pia, gelingt es mit Hilfe des Erfinders von *Mother*, Oswald Plevy, dem inzwischen reichsten Mann der Welt, auch noch den letzten Code zur Deaktivierung von *Mother* einzugeben und somit eine globale Diktatur der Verschwörergruppe zu verhindern.

5.3 Hauptthemen und durchgängige Motive

5.3.1 Geschichte von *Mother*

Das globale, allumfassende Computernetzwerk *Mother* geht auf den Erfinder Oswald Plevy zurück. Dem ursprünglichen Unternehmensberater kam die folgenschwere Idee eine Art nationale Verrechnungszentrale, federführend von der Firma UniTelecom, zu gründen. Da das Telekommunikationsunternehmen einen fast identischen Kundenstamm mit vielen anderen Konzernen, z. B. den energieversorgenden Unternehmen (Gas, Wasser, etc.) hat, konnte die nationale Verrechnungsstelle gegen eine kleine Gebühr die Rechnungen aller dieser Unternehmen verwalten und für jeden einzelnen Kunden zusammenführen. Das bedeutete weniger Verwaltungsaufwand. Alle teilnehmenden Unternehmen erhielten durch das neue System beinahe uneingeschränkte Informationen über Lebensumstände und Kaufverhalten ihrer Kunden, außerdem war deren Kreditwürdigkeit sofort einsehbar. Eine Folge der Entwicklung war die Fusionierung einzelner Unternehmen zu multinationalen Konzernen, genannt Globalcoms. Systemgegner machten Konkurs. Des Weiteren wurden die Datenbanksysteme in Europa und der USA verstaatlicht und der persönlichen Kunden-datei wurden Daten wie Sozialversicherung, medizinische Unterlagen, Fahrzeugbesitz kurzum von Geburt bis hin zu Sterbedaten hinzugefügt.

Mother wurde also eine Art weiterentwickeltes Internet, in dessen Rechtsgrundlagen so gut wie kein Datenschutz verankert ist. Jede Datei ist von jedem Monitor eines *Mother*- Rechners abrufbar und zwar wird das System automatisch aktiviert durch den Scan der Iris. Letztlich enthielt *Mother* die persönlichen Dateien aller Bürger, also außer den Angaben zur Person, die Haushaltsrechnungen, Kreditstatus, Grundbesitz, Krankenversicherung Vorstrafenregister usw. *Mother* übernimmt damit die Funktionen aller Pässe oder sonstigen Ausweise und Uhrkunden. Außerdem werden alle Daten, die zum Kaufverhalten beitragen könnten, gespeichert. Der Flugbegleiter Pias kann einen kurzen Blick auf ihre persönliche Datei erhaschen:

> „Mit ein wenig mehr Zeit hätte er sich ihre persönliche Datei gern gründlicher betrachtet. Innerhalb von Minuten hätte er herausgefunden, welche Körbchen- und Schuhgröße sie besaß, wo sie Urlaub machte, wie ihre Ärzte hießen, welche Pasta sie am liebsten aß, wo sie einkaufte, welche Tampons sie benutzte, welcher Rasse ihr Hund angehörte, welche Schriftsteller sie gern las und welche Weine sie schätze. Alles hatte Mother gespeichert. „[105]

Weiterhin dient dieses Multifunktionssystem zur Nachrichtenübermittlung, dort werden die täglichen, für die breite Masse veränderten 24-Stunden Nachrichten gesendet und außerdem bietet *Mother* die Kommunikationsmöglichkeiten des Internets (z. B. E-Mail-Verkehr, Chatten, u.a.). Fernseher und Schriftverkehr jeglicher Art sind dem-

---

105 McBain, Scott: Der Mastercode. S.55

nach ebenfalls überflüssig. Auch alle Alltags-Transaktionen wie das Lösen von Zugfahrscheinen, der Lebensmitteleinkauf im Supermarkt, die Ergebnisse eines Eishockeyspiels etc. fließen in der Zentrale von *Mother* zusammen. Zusätzlich sind auf allen Straßen und in allen öffentlichen Gebäuden Überwachungskameras angebracht, die rund um die Uhr aufzeichnen, frei nach dem Motto: Big „*Mother*" is watching you.

Die Bevölkerung wird nicht nur durch beschönigte Nachrichten ruhig gehalten, sondern auch gezielt durch Werbekampagnen manipuliert. Die führende PR-Werbeagentur Fromm& Terror ist für die überall verbreiteten Parolen zuständig. „Mother arbeitet für eine gerechte Gesellschaft. Wer sich Mother widersetzt, ist ungerecht"[106] oder „Die Zwangsregistrierung deckt den Terrorismus auf."[107] sind einige Beispiele für das systematische Verdrehen der Tatsachen, in der Hoffnung die unwissende Masse damit zu überzeugen. Der Spruch „Mother bringt Freiheit"[108], der später in „Mother ist Freiheit" geändert wird erinnert sehr an die NS-Parole „Arbeit macht frei". Allein der Begriff „*Mother*" soll die Menschen dazu bringen *Mother* als freundliches, praktisches System, das sie nur zu ihrem eigen Schutz überwacht, anzusehen.

5.3.2 Gesellschaft

Das Bild der Weltbevölkerung im Jahre 2020, wie es Scott McBain zeichnet, ist schlecht, kalt und gierig. Die Gesellschaft ist zu einem kapitalistischen Klassensystem verkommen und wird daher vom Materialismus regiert. Alle Menschen sind in die so genannten neun Kreditratings eingeteilt, die schon kleine Kinder in der Schule auswendig lernen müssen. [109]Je höher das Kreditrating, desto mehr Privilegien stehen einem zu. Es gibt Fluglinien für verschiedene Klassen, Wohngebiete und sogar die Autobahnen wurden dem Klassensystem angeschlossen, so dass manche Straßen nur ab einem gewissen Kreditrating-Level benutzt werden dürfen.

---

106 McBain, Scott: Der Mastercode. S.133

107 McBain, Scott: Der Mastercode. S.270

108 McBain, Scott: Der Mastercode. S.350

109 McBain, Scott: Der Mastercode. S.35: A1- Milliardäre A2- Multimillionäre A3- Millionäre A4- Akademiker, obere Mittelschicht A5- Mittelschicht A6- untere Mittelschicht A7- Diener, obere Kategorie A8- Diener, untere Kategorie A9- Abschaum der Gesellschaft

Frühere gesellschaftliche Probleme, sind nun nicht mehr von Bedeutung, alle Menschen sind unabhängig von ihrer Hautfarbe, Herkunft, Ethik und Religion völlig gleich, „ Denn Rassismus und Sexismus waren längst verschwunden und durch eine neue Geißel der Epoche ersetzt worden: wirtschaftliche Apartheid" [110]Ein Mensch ist demnach nur soviel Wert, wie er Geld besitzt. Als Pia nach dem Essen in einem Restaurant bemerkt, dass ihr Kreditstatus um vier Positionen gefallen ist, muss sie befürchten von all ihren Freunden fallengelassen zu werden.

Die Bevölkerung ist nur damit beschäftigt auf Äußerlichkeiten zu achten und materiell aufzusteigen. Der Schönheitswahn wurde bis in alle Perversitäten gesteigert, Schönheitsoperationen und permanente Implantationen von z. B. Fingernägeln oder Organen sind üblich. Außerdem sind die Hauttypen der Menschen in internationalen Haut-Codes eingeteilt, dies macht die äußerliche Beschreibung der zur Verwendung gesuchten Person einfacher. Gegen Schwangerschaft werden permanente Verhütungsinjektionen, also Sterilisation angeboten. Viele Nutzen diese Möglichkeit, da Kinder kostspielig sind und sich schlecht auf das Kreditrating auswirken. Außerdem kann man Kinder, aus ärmeren Schichten versteht sich, wie Ware als Mode-Accessoire mieten.

Die Kluft wird größer und größer, da die Reichen auch zusätzlich noch die meisten Waren, dank vertraglicher Bindung, um 60% billiger als die Armen bekommen. Das Rechtssystem samt den Politikern ist korrupt, somit sieht es für die unteren Gesellschaftsschichten nicht gerade rosig aus, sie haben so gut wie keine Chance jemals in ihrem Leben durch eigene Leistung Wohlstand zu erlangen.

5.3.3 Politik und Überwachung

Die politische Situation im Jahre 2020 ist gerade weltweit im Umbruch. Zwischen den Ländern besteht keine Konkurrenz und keine Differenzen mehr. Kriege aus politischen, religiösen oder wirtschaftlichen Gründen gehören demnach der Vergangenheit an. Beherrscht wird die Weltwirtschaft von globalen Konzernen, die kein Interesse einzelner Länder bevorzugen, sondern daran interessiert sind ihre Marktmacht auf der ganzen Welt auszubauen. Leider sind bis auf wenige Ausnahmen, alle Politiker korrupt und machtgierig und somit schon längst zu Puppen der Globalcoms geworden, welche auch noch das Militär auf ihrer Seite haben. Geld regiert die Welt. Die meisten westlichen Länder, wie Großbritannien und die USA, leben noch in einer Demokratie,

---

110 McBain, Scott: Der Mastercode. S. 51

allerdings verschlechtert sich die innenpolitische Situation bereits zunehmend. Viele Demonstranten blockieren die Straßen und terroristische Gruppierungen verüben Anschläge auf Firmengebäude der Globalcoms. In den USA, wie in den meisten westlichen Ländern waren Demonstrationen noch möglich, da das Recht auf freie Meinungsäußerung noch intakt blieb, solange dass Kriegsrecht noch nicht ausgerufen wurde. Jede Transaktion über *Mother* ist nachvollziehbar und Überwachungskameras, die überall auf den Straßen und in öffentlichen Gebäuden installiert wurden, zeichnen zudem noch jede Bewegung der Bürger in der Öffentlichkeit auf. Alle wichtigen Transportmittel wie Automobil, Flugzeug und Schiff wurden per Augenscan durch *Mother* aktiviert, so dass Kriminalität jeglicher Art, allerdings zu einem hohen Preis, so gut wie beseitigt worden war. Außerdem verfügte jedes Land bereits über einen internen Geheimdienst, der die Gespräche und den Mail-Verkehr, samt den Aufnahmen von Überwachungskameras ausgewertet, um Systemgegner zu entlarven.

5.4 Sprache und Stilmittel

Scott McBain stellt die Entwicklung der Welt im Jahre 2020 ironisch, in Form von kurzen Nachrichtensequenzen in Mother, die er hin und wieder aufführt, dar. „gehen sie mit dem Trend- adoptieren Sie für drei Monate ein afrikanisches Kind. Rückerstattung bei Nichtgefallen“[111] oder „Der Globalcom BodyWorld, Spezialist für den Verkauf und den Austausch humaner Körperteile, hat festgestellt, dass die kürzliche Auktion der Geschlechtsteile von Verstorbenen...“ [112] Melanie berichtet ihrer Freundin Pia stolz: „Als Nächstes lasse ich eine Ganzkörper- Epilierung machen. Eine permanente, weißt du. ...Kostet nur 8000 Global. Zusätzlich kriegt man noch fünf Einläufe umsonst. UniversalDrug bietet das als Paket an.“ [113]

Die Gewohnheiten in McBains „schöner neuen Welt“ werden damit so übertrieben um den Leser zu provozieren und ihn zu schocken.

---

111 McBain, Scott: Der Mastercode. S. 32

112 McBain, Scott: Der Mastercode. S. 343

113 McBain, Scott: Der Mastercode. S. 151

5.5 Botschaft

Der Mastercode ist eine Antiutopie und bezeichnet somit die Horrorvorstellung einer möglichen Zukunft. Außerdem ist das Buch ebenfalls ein Thriller, die Entwicklung zum völligen totalitären System ist noch nicht abgeschlossen und kann letzten Endes doch noch verhindert werden. Die Botschaft des Romans besteht einerseits aus der Warnung vor der Weiterentwicklung bestehender schlechter Verhältnisse und andererseits aus einem moralischen Appell, das Liebe und Wahrheit letztendlich doch obsiegen werden.

Gewarnt wird vor der Verblendung durch Materialismus und Gier der Menschen nach Reichtum und Statussymbolen. In *Der Mastercode* verkaufen die Menschen ihre persönlichen Daten an ein Überwachungssystem, ohne dies zu merken und das nur wegen wirtschaftlicher Vorteile. Dass das Recht auf Selbstbestimmung der eigenen Daten und dessen Schutz eins der höchsten Güter der Demokratie ist, fällt vielen erst auf als es schon fast zu spät ist. Ebenfalls warnt McBain vor der Ausartung des Schönheitswahns und vor dem Verkommen des Menschen zur Ware.

Als Kontrast zur bösen, kapitalistischen Welt, bietet McBain die einfache aber klare Seite der Wahrheit und Liebe. Die Computerzentrale *Mothers*, geschützt von tausenden Sicherheitsvorkehrungen erstreckt sich wie eine große Spinne im unterirdischen Bunker, technisch perfekt aber seelenlos wird von hier aus die Menschheit regiert. Kontrapunkt dagegen ist die einsame, friedliche Fischerhütte an einem See in Finnland. Unscheinbar hinterwäldlerisch, doch im Besitz der größten Waffe gegen das weltweite System, da dort der Vernichtungsmechanismus versteckt wurde. Die Kleinen werden später die Grossen sein. Das Happy-End des Buches kommt jedoch überraschenderweise nicht ohne Mystizismus aus. Die Weltgeschehnisse versinnbildlicht McBain als ein Gewinde von Fäden, die entweder berührungslos nebeneinander herlaufen oder untrennbar miteinander verbunden sind. … „zu sehen, wie die Fäden gesponnen werden- die zugrunde liegenden Absichten und Wünsche der Weber zu erkennen-, das erfordert Genie vom Beobachter."[114] Lars Pedersen ist ein solches Genie. Wie Pedersen später erkennt, gibt es zu allen Zeiten auf der Erde zumindest einen Menschen, der die Wahrheit im Herzen bewahrte, um zu verhindern, dass die Menschheit in einen Abgrund der Täuschung stürzte. [115]Als Pedersen

---

114 McBain, Scott: Der Mastercode. S. 7

115 Vgl. McBain, Scott: Der Mastercode. S. 524

Pias Vater begegnet erkennt er in ihm diese Person, einen so genannten „Anawim – einem im Geiste reinen Menschen-,…"[116] Somit begann Pedersen in seiner, fast an Übersinnlichkeit grenzender Fähigkeit des Vorrausschauens, Ereignisse vorzubereiten, die erst viele Jahre später eintreffen würden, indem er Esko, Oswald und Pia zusammenführte.

5.6 Bezug zur Gegenwart [117]

5.6.1 Datenschutz

In Scott McBains *Der Mastercode* wurde ein Großteil der bestehenden Verhältnisse durch die Aufhebung des Datenschutzes eingeläutet. Die Bürger des Romans haben ihre Persönlichkeitsrechte freiwillig an *Mother* abgegeben. Jeder kann bei jeder Transaktion nun alles über sein Gegenüber erfahren, insbesondere ob derjenige zahlungsfähig ist. Die Kontrolle wird durch die globale Vernetzung aller Datenbanken, also durch *Mother*, ermöglicht. Die Überwachung ist damit perfekt. Vorgänger einer solchen „*Mother*" ist sicherlich das heutige Internet. Das Internet dient bekanntlich nicht nur zur weltweiten Kommunikation, sondern auch als Verkaufszweig, eingeschlossen der Übermittlung sensibler Daten. Heutzutage meldet man sich durch das Internet für Veranstaltungen an, führt Onlinebanking aus und verabredet sich mit Freunden. Wenn jemand Zugang auf unseren kompletten Datenverkehr im Internet hätte, würde derjenige eine Fülle von Informationen über uns erhalten. Im gewissen Maße ist das schon der Fall, da bei jedem Webseitenbesuch Cookies hinterlassen werden. Die Verwendung von Cookies kann für Zwecke eingesetzt werden, die von vielen Internet-Benutzern als missbräuchlich angesehen werden, z. B. Benutzerprofile über das Surfverhalten eines Benutzers zu erstellen. Negativ aufgefallen ist in diesem Punkt die Internetsuchmaschine „Google". Diese vergibt individuelle Cookies, d. h. eine eindeutige und über 30 Jahre gültige Nummer, an ihre Benutzer. Die Vermutung liegt nahe, dass diese Identifikationsnummer dazu dient, die Suchanfragen jedes Benutzers zu protokollieren um damit Rückschlüsse auf seine Interessensgebiete ziehen zu können. Erste Schritte zur weltweiten bildlichen Überwachung, könnte für den einzelnen Benutzer, der keinen Zugriff auf Satellitenbilder hat, „Google earth"[118] bedeuten. Dieser kostenlose Service, gibt Satelliten- und Luftbilder des gesamten Globus in unter-

---

116 McBain, Scott: Der Mastercode. S. 512

117 S. Anhang: Globalisierung, S. 111

118 Google earth: http://earth.google.de

schiedlicher Auflösung wieder. Die Detailauflösung beträgt flächendeckend meist 15 m, in einigen Großstädten und Ballungsgebieten sind auch schon Auflösungen bis zu 15 cm verfügbar, auf der sogar einzelne Menschen zu erkennen sind. Momentan handelt es sich um aktuelle Bilder, allerdings nicht um zeitgleiche Aufnahmen zu dem Moment der Sucheingabe. Zeitgleiche Aufnahmen werden in Zukunft sicherlich möglich sein. Um sein Ferienhotel vorweg aus der Nähe zu betrachten und diversen anderen Gründen, kann so eine Einrichtung sinnvoll sein. Dennoch bekommt man ein ungutes Gefühl, wenn man auf dem heimischen Balkon von überall in der Welt beobachtet werden kann.

In *Der Mastercode* gibt es nur noch mautpflichtige Straßen, deren Nutzer sich vor der Befahrung registrieren lassen müssen. Der Trend in diese Richtung ist auch in der heutigen Zeit angebrochen. „Toll collect" zeichnet alle LKW-Daten auf und durch die Verbindung von *GPS*[119] und *OBUs*[120] kann jedes entsprechend ausgestattete Fahrzeug jederzeit lokalisiert und gegebenenfalls verfolgt werden. Die Diskussionen darüber sind neu entfacht worden als sich zwei Mordfälle auf Raststätten ereigneten, die mit Hilfe der Daten aus dem Mautsystem wahrscheinlich aufklärbar wären. Der Datenschutz verhinderte bisher die Herausgabe der Daten. Die Verhandlungen in diesen beiden Fällen laufen weiter.

Personenortung durch Handyüberwachung ist schon bereits eine Fahndungsmethode der Polizei. Ebenso üblich geworden ist die Überwachung von öffentlichen Plätzen durch Kameras, hier haben wir mit McBains Zukunftsentwurf schon gleichgezogen!

Vom Augenscan wie in *Mother* ist die heutige Zeit zwar noch weit entfernt, allerdings gehen erste Schritte in Richtung einer immer stärker werdenden Personenidentifikation, z. B. durch die Einführung des neuen biometrischen Reisepasses. Das deutsche Bundeskabinett billigte die Einführung eines solchen Reisepasses, mit dem Argument, er würde einen „wichtigen Schritt auf dem Weg zur Nutzung der großen Fortschritte der Biometrie für die innere Sicherheit" [121]bedeuten. Doch der deutsche Reisepass galt schon lange vor der beschlossenen Biomet-

---

119 Anm.: Global Positioning System

120 IT Wissen: Online- Lexikon für Informationsterchnologie: www.itwissen.info/definition/lexikon/verkehr/ On-Board-Units dienen der automatischen Erfassung und Abrechnung von Mautgebühren für zurückgelegte Fahrstrecken von LKWs.

121 Handelsblatt. Com: www.handelsblatt.com/news Ausweisdokumente haben ihren Preis: Elektronische Pässe sind beschlossene Sache.

risierung als eines der fälschungssichersten weltweit. Die Pässe werden, neben den üblichen Daten, ab 2007 in einem gesonderten Chip die gespeicherten Daten zweier Fingerabdrücke, enthalten. Ohne ausreichende Sicherheitsmaßnahmen könnten diese Chips ohne aktive Einwilligung des Passinhabers, z. B. beim Passieren eines Durchganges, gelesen werden. Ebenfalls könnten mobile Lesegeräte eingesetzt werde, die nur bis auf wenige Meter zum Betroffenen herangebracht werden müssten.

Der so genannte „Große Lauschangriff“, der eine Einschränkung des Grundrechts auf Unverletzlichkeit der Wohnung zum Inhalt hatte, konnte noch einmal abgewendet werden. Allerdings kommen immer wieder weitere Skandale ans Licht, wie der so genannte „Journalisten-Skandal“. Der Bundesnachrichtendienst überwachte von 1993 bis 1998 als kritisch eingestufte Journalisten. Dieser Geheimdienst-Skandal kam nur durch einen Zufall ans Licht. Dabei wirft sich zwangsweise die Frage auf, wie viele weitere solche Skandale existieren, die bisher noch nicht ans Licht gekommen sind. Durch diese Auflistung an Datenschutzverstößen oder -bedrohungen wird deutlich, dass die Vorstellung von einem alles überwachenden System *Mother* nicht mehr sehr weit von der heutigen Realität entfernt sind.

6 Das Leben der Anderen [122]

6.1 Florian Henckel von Donnersmarck

Florian Henckel von Donnersmarck ist ein deutscher Filmemacher, Regisseur und Drehbuchautor und wurde 1973 in Köln geboren. Nach seiner Schulzeit in New York, Berlin, Frankfurt, Brüssel und Sankt Petersburg, schloss er noch ein Studium in Philosophie an der Oxford University ab, ehe er ins Filmbusiness wechselte. An der Hochschule für Fernsehen und Film in München drehte er 2004 seinen Abschlussfilm, *Das Leben der Anderen,* bei dem er selbst das Drehbuch verfasste und Regie führte. Interessant ist, dass Donnersmarck keinerlei biographischen Bezug zum Leben der ehemaligen DDR hat, er war zum Zeitpunkt der Wende erst 16 Jahre alt, dennoch gelang ihm die Einfühlung in dieses Thema meisterhaft[123]. Florian Henckel von Donnersmarck ist mit der Juristin Christiane Asschenfeldt verheiratet und lebt mit ihr und den gemeinsamen Kindern in Berlin.

6.2 Inhalt

November 1984, im Stasiuntersuchungsgefängnis Hohenschönhausen verhört der MfS [124]- Hauptmann Gerd Wiesler einen Häftling, der seine Unschuld beteuert. Etwa 40 Stunden später jedoch gesteht dieser, mit den Nerven völlig am Ende, alles was man von ihm hören will. Das Verhör wurde mitgeschnitten und Gerd Wiesler spielt es später seinen Schülern auf der Stasi-Hochschule Potsdam-Eiche vor.

Am Abend besucht er zusammen mit seinem Vorgesetzten MfS-Oberleutnant Grubitz, Leiter der Abteilung Kultur, ein Theaterstück. Da der Minister Bruno Hempf, Mitglied des Zentralkomitees der SED ebenfalls im Theater ist, hofft Grubitz mit seinem Erscheinen einen guten Eindruck zu hinterlassen. Das Theaterstück stammt vom gefeierten

---

122 Das Leben der Anderen: (D, 2005. Regie, Buch: Florian Henckel von Donnersmarck. Buena Vista, 137 Minuten. Der deutsche Kinofilm Das Leben der Anderen ist das Langfilmdebüt des Regisseurs und Drehbuchautors Florian Henckel von Donnersmarck. Am 23. März 2006 ist der Kinofilm in Deutschland angelaufen und gleichzeitig wurde vom Suhrkamp Verlag das dazugehörige Filmbuch unter dem Titel Das Leben der anderen122(kleingeschrieben) herausgegeben.

123 S. Anhang: Idee zum Film, S. 113

124 MfS= Ministerium für Staatssicherheit (s. S. 87)

Dramatiker Georg Dreyman, der für seine Angepasstheit bekannt ist. Minister Hempf scheint nur Augen für die Freundin Dreymans, die attraktive Schauspielerin Christa-Maria Sieland zu haben, die im Stück die Hauptrolle spielt. Minister Hempf äußert Grubitz gegenüber, trotz der allgemein herrschenden Meinung, Zweifel an der Linientreue des erfolgreichen Dramatikers zu haben und lässt durchblicken, dass er eine Überwachung für angemessen hält. Grubitz beauftragt seinen Freund Wiesler mit dem „operativen Vorgang“. Auf der Premierenfeier versucht sich Dreyman bei Minister Hempf für seinen Freund Albert Jerska, einem ebenfalls berühmten Theaterregisseur, einzusetzten. Auf Hempfs Anweisung hin leidet Jerska seit über sieben Jahren an dem über ihn verhängten Berufsverbot. Hempf berührt dessen Schicksal jedoch in keinster Weise, er bestreitet sogar, dass es so was wie Berufsverbot überhaupt gibt.

Gerd Wiesler beginnt unverzüglich mit der Überwachung und Verwanzung von Georg Dreymans Wohnung. Auf dem leerstehenden Dachboden richtet er eine hoch- professionelle Abhörzentrale ein. Eine Nachbarin Dreymans, die die Überwachungsaktion mitbekommen hat, wird kurzerhand eingeschüchtert.

Georg Dreymans 40. Geburtstag wird in dessen Wohnung kräftig gefeiert. Er ist beliebt und viele seiner intellektuellen Freunde aus der Kunst- und Theaterszene sind gekommen. Darunter auch der zutiefst deprimierte Jerska, der sich einsam in eine Ecke zurückzieht. Auch Dreymans engster Vertrauter, der Journalist Paul Hauser, ist unter den Gästen. Er hat eine wesentlich radikalere Einstellung zum DDR-System und war deshalb auch schon mal eine Zeit lang in Untersuchungshaft. Er wirft Georg Dreyman seine Passivität und Angepasstheit vor und verlässt wütend die Feier.

All dies wird von Wiesler in der Abhörzentrale belauscht und abgetippt, das Codewort für Dreyman lautet dabei „Lazlo“. An einem der kommenden Abende fällt Wiesler auf, dass Christa abends von einer Limousine zur Wohnung gebracht wird. Bei der Überprüfung des Nummernschildes erfährt er, dass es sich um den Wagen des Minister Hempfs handelt. Tatsächlich steigt Christa-Maria einmal in der Woche zu Hempf in den Wagen, sie ist von ihm angewidert, doch sie hat Angst vor möglichen Auswirkungen auf ihre Arbeit, falls sie sich weigern sollte. Wiesler wird nun klar, dass Hempf nicht wirklich einen Verdacht gegen Dreyman hegt, sondern dass es sich um eine Intrige handelt, um diesen loszuwerden. Bei der nächsten Verabredung lockt Wiesler Dreyman zur Haustür, damit er Christa auf frischer Tat ertappt. Wider erwarten macht Dreyman ihr jedoch keine Vorwürfe, sondern bittet sie inständig nicht mehr dort hinzugehen. Doch Christa ist bereit weiterhin zu den sexuellen Treffen mit Minister Hempf zu gehen, da ihr das System keine andere Wahl lässt, wenn sie weiterhin als Künstlerin arbeiten möchte. Nach einem Streit flüchtet sie in eine nahe gelegene Bar, in der zufällig auch Wiesler sitzt. Er tritt zu ihr, gibt vor sie von einem Theaterstück zu kennen und spricht ihr Mut zu.

Wiesler selbst besitzt kein Privatleben, in einer trostlosen Plattenbau-Mietwohnung lebt er allein ohne jegliche soziale Kontakte. Durch die Überwachung taucht er mehr und mehr in „das Leben der anderen" ein und beginnt mit ihnen zu sympathisieren. Es geht soweit, dass er seinem Kollegen, der nachts zur Ablöse kommt, Vorkommnisse der Überwachung verschweigt und Berichte fälscht.

Georg Dreyman erfährt, dass sein Freund Jerska Selbstmord begangen hat, indem er sich erhängte. Auf dessen Beerdigung beschließt Dreyman nun endlich etwas zu unternehmen um Position zu beziehen. Er beschließt einen Artikel über die statistisch nicht mehr erfasste Selbstmordrate in der DDR zu verfassen und diesen im Westen zu veröffentlichen.

Daraufhin finden in der Wohnung Georg Dreymans, unter dem Deckmantel ein Theaterstück über den 40. Jahrestag der DDR zu schreiben, heimliche Treffen statt. Der Spiegel-Redakteur Georg Hessenstein aus Westdeutschland wird hinzugeholt, dieser möchte den Artikel im Westen veröffentlichen. Er bringt Dreyman zur Sicherhit eine geschmuggelte Minischreibmaschine mit, da Dreymans Schriftbild vermutlich längst von der Stasi erfasst wurde, allerdings konnte er für diese nur ein rotes Farbband auftreiben.

Da Christa-Maria Minister Hempf nun nicht mehr besucht, beschließt dieser sie auszuschalten. Er weiß, dass Christa tablettensüchtig ist und von welchem Arzt sie diese bezieht. Bei der nächsten Gelegenheit schickt er Stasi-Beamte dort hin, um sie auf frischer Tat zu ertappen. Christa-Maria wird daraufhin von der Stasi in Untersuchungshaft gebracht. Christa befürchtet bei der Vernehmung das Schlimmste, nämlich dass man ihr Berufsverbot erteilen könnte. Als der sie vernehmende Grubitz ihr genau dies androht, versucht sie verzweifelt ihm Dienste jeglicher Art anzubieten, um aus dieser Misere raus zu kommen. Sie ist sogar bereit Georg zu verraten und teilt den Beamten mit, dass er der Verfasser des inzwischen veröffentlichten Spiegel-Artikels ist, verrät allerdings nicht das Versteck der Schreibmaschine. Daraufhin wird noch in derselben Nacht Dreymans Woh-nung von der Stasi durchsucht und verwüstet, allerdings kein Beweismaterial gefunden.

Wiesler ist bei Grubitz, dadurch dass er bisher keinerlei Ermittlungsergebnisse vorzuweisen hatte, in Ungnade gefallen. Grubitz gibt ihm jedoch eine letzte Chance, er soll ausgerechnet Christa verhören, bis sie das Versteck der Schreibmaschine preisgibt. Im Unter-suchungszimmer erkennt Christa Wiesler als den Mann aus der Bar wieder und ist tief getroffen. Wiesler schafft es bereits durch ein wenig Überredung Christa zum Verrat des Versteckes und damit zur Auslieferung ihres Freundes Georg zu bringen. Dadurch ist wiederum Wiesler geschockt. Nach dem Verhör eilt Wiesler ungesehen zu Dreymans Wohnung und versteckt die Schreibmaschine. Kurz darauf kommt Dreyman nach Hause und direkt nach ihm die entlassene Christa-Maria. Dreyman merkt, dass sie ihm etwas verschweigt, kommt jedoch nicht mehr dazu sie zu fragen wo sie die letzte Nacht verbracht hat, da die Staatssicherheit schon zur erneuten Wohnungsdurchsuchung an die Tür hämmert. Grubitz tritt zusammen mit der Durchsuchungsmannschaft an und geht sogleich auf das, von Christa verratene Versteck der Schreibmaschine zu. Dreyman sieht Christa an, dass sie es war, die das Versteck preisgegeben hat. Daraufhin rennt diese panisch aus der Wohnung, absichtlich vor einen herannahenden LKW und stirbt. Zeitgleich öffnet Grubitz das Geheimfach, das zum Erstaunen aller leer ist. Ohne dass Grubitz es ihm direkt nachweisen kann, ist diesem nun klar, dass Wiesler Dreyman geschützt haben muss. Wiesler wird auf einen niederen Posten der Briefüberwachung strafversetzt, indem er nun sein Leben bis zur Rente fristen soll. Doch so lange braucht Wiesler bei dieser Stelle nicht auszuharren, denn was zu dem Zeitpunkt niemand ahnen konnte ist, dass vier Jahre und acht Monate später die Grenze offen seien wird.

Weitere zwei Jahre später sitzt Dreyman bei der Neuinszenierung seines Stückes „Gesichter der Liebe" im Publikum. Die Erinnerung trifft ihn zu schwer, er muss den Saal vor Schmerz verlassen. Dort trifft er ungewollt und unerwartet auf den ehemaligen Minister Hempf. Auch er konnte die Erinnerung an Christa-Maria nicht mehr ertragen. Obwohl Dreyman nicht will, beginnt Hempf ein Gespräch mit ihm. Er scheint auch nach der Wende einen guten Posten zu haben, allerdings nun in der kapitalistischen Marktwirtschaft. Als Dreyman gerade gehen will fällt ihm eine letzte Frage ein, er möchte wissen warum man ihn nie überwacht hatte. Hempf berichtet ihm daraufhin von der damaligen Totalüberwachung. Dreyman irrt nach Hause und findet die alten Kabel unter seinen Lichtschaltern. Am nächsten Tag begibt er sich auf dem Hof der ehemaligen Zentrale des MfS, dort kann nun jeder Staatsbürger der ehemaligen DDR seine Stasi-Akten einsehen. Verblüffend werden dem immer noch recht ahnungslosen Dreyman stapelweise seine Überwachungsakten ausgehändigt. Erschüttert blättert er durch die Unterlagen und stößt dabei auch auf Christa-Marias Aussage. Dreyman kann es kaum fassen, als er die gefälschten Berichterstattungen Wieslers, dessen Kürzel HGW XX/7 lautet, liest. Dieser hat sogar Inhalte des vermeintlichen Theaterstücks erfunden um Misstrauen seiner Kollegen zu vermeiden. Auf dem Schlussbericht der Überwachungsakten entdeckt Dreyman einen roten Farbklecks und erfährt so, dass sein Stasi-Überwacher HGW XX/7 ihn geschützt und die Schreibmaschine rechtzeitig entfernt hat. Dreyman macht sich sofort daran die Person, die hinter dem Kürzel steht ausfindig zu machen.

Als er Wiesler in Natura aus dem Taxi beobachtet, dieser trägt nun Werbeprospekte aus, traut er sich nicht ihn anzusprechen. Weitere zwei Jahre später entdeckt Wiesler im Vorbeigehen im Schaufenster einer Buchhandlung ein Werbeplakat für Georg Dreymans ersten Roman. Er hält inne und betritt den Laden. Als er Dreymans Buch aufschlägt entdeckt er auf der ersten Seite eine Widmung an HGW XX/7 in Dankbarkeit. Wiesler hat verstanden, klappt das Buch erschüttert zu und geht damit zur Kasse. Auf die Frage nach einer Geschenkverpackung antwortet er nur: „Nein…es ist für mich."

6.3 Botschaft

Der Regisseur und Drehbuchautor Florian Henckel von Donnersmarck traute sich mit diesem Film an ein Stück schmerzhafte deutsch-deutsche Geschichte und das nicht wie sonst üblich in Form von Form von Ostalgie-Komödien, wie z. B. *Good Bye, Lenin!*, *Sonnenallee* und *NVA*. Er spricht das Trauma der ehemaligen DDR-Bürger an, die unter Macht und Ohnmacht der repressiven Partei-Diktatur zu leiden hatten. Im Jahr 1984 werden die Parallelen zu Orwells antiutopischen Roman, den er im gleichen Jahr angesiedelt hat, überdeutlich.

> „Der Film wirft Fragen auf, die weit über die sozialistische I-deologie hinausgehen, übertragbar sind auf jede Form des Fundamentalismus, sei es in Religion oder Politik. Er entlarvt die Mechanismen eines monströsen Überwachungssystems, das auf die Zerstörung jeglicher Individualität zielt, demaskiert die Verantwortlichen, die im Dunstkreis von Ideologie ihre persönlichen Ziele verfolgen, zeichnet Brüche in den Biografien, seismografische Erschütterungen im Räderwerk der Macht"[125]

125 Bayrischer Rundfunk: www.br-online.de Das Leben der Anderen

Im Film wird das Zerbrechen am System gleich durch unterschiedliche Schicksale aufgezeigt. Im Handlungsmittelpunkt steht der gesellschaftliche Dualismus in der DDR, der in dem Film durch seine Protagonisten deutlich wird. Auf der einen Seite steht Georg Dreyman der gefeierte, weil talentiert und angepasste Theater-Dramatiker, der sogar mit Margot Honecker bekannt ist. Seine Gegenfigur ist der korrekte, humorlose MfS- Hauptmann Gerd Wiesler, dessen höchste Ideale die seiner Partei sind. Beide vollziehen im Film eine Wandlung und werden auf ihre Weise Opfer des Systems. Georg Dreyman lebt sorglos und ist beliebt, er hat eine bildhübsche Freundin und wohnt in einer stilvoll, gemütlichen kleinen Wohnung in Ostberlin. Sein Glück hängt allerdings vom Aufrechterhalten seiner eigenen Fassade ab. Seine Freundin ist tablettensüchtig und sein bester Freund leidet unter Berufsverbot. Als dieser sich erhängt, muss er schließlich Stellung beziehen. Seine Freundin Christa-Maria Sieland ist vom Beginn des Films an am meisten vom gnadenlosen Machtspiel des Systems betroffen. Sie kann nur durch sexuelle Zugeständnisse mit dem abstoßenden Kultusminister Hempf ihrer Arbeit, die sie mit Leib und Seele liebt und die alles ist, was für sie ihr Leben lebenswert macht, nachgehen.

Georg Wiesler ist die einzige Person im ganzen Film, die für die Ideale der DDR lebt. Er definiert sich ebenfalls nur durch seine Arbeit, die zum Schutze des Sozialismus dient. Seufzend fragt er Grubitz; "Sehnst du dich manchmal danach, dass er schon da wäre- der Kommunismus?"[126] Für ihn bedeutet der Kommunismus die Aufhebung aller Unterschiede zwischen den Menschen, die Abschaffung des Staates und Gerechtigkeit für alle. Als Antwort auf seine melancholische Frage empfiehlt ihm Grubitz eine MfS-Hure zu ordern. Langsam merkt Wiesler, insbesondere durch das Verhalten Hempfs, dass selbst die obersten Parteimitglieder, eigentlich „Schild und Schwert der Partei", in Wirklichkeit nicht im Geringsten hinter den sozialistischen Idealen stehen, sondern alle auf ihren persönlichen Vorteil bedacht sind. Das erschüttert seinen Glauben an die DDR bis ins Mark. Zusätzlich bewirkt auch die Faszination des Künstlerlebens, vor allem der Zauber von Christa-Maria Sieland sowie die Kraft gefühlvoller Musik, eine Wende in seinem Leben. Dass „das Leben der anderen" auf ihn eine derartige Faszination ausübt ist nicht überraschend, lebt er doch selbst karg, grau, trist und einsam. Seine minimalistisch eingerichtete Plattenbauwohnung bietet einen direkten Kontrast zur Wohnung Dreymans. Am Beispiele Gerd Wieslers wird deutlich, dass die DDR nicht nur an dem Protest der Bürger zerbrochen ist, sondern auch von innen her aufge-

126 Henckel von Donnersmarck, Florian: Das Leben der anderen, S. 207

löst wurde. Kritikern, die behaupten übergelaufene Stasi-Mitarbeiter, die plötzlich ihre Opfer schützen, gab es nie, entgegnet Manfred Wilke, Leiter der Abteilung Lankwitz des Forschungsverbundes SED-Staat an der Freien Universität Berlin: „In der verkürzten Debatte über die Stasi wird gern vergessen, dass sie nur durch Menschen lebte und funktionierte."[127] und nennt gleich zwei Beispiele von opponierenden MfS-Ministern.

Der Film thematisiert jedoch auch die traumatische Erfahrung der Bürger, nicht einmal dem eigenen Nachbarn trauen zu können und überall Observation vermuten zu müssen. Dass die so genannten Inoffiziellen Mitarbeiter (IM) nicht nur freiwillige Parteigenossen waren, wird an Christa-Maria deutlich, die aus Verzweiflung ihren geliebten Lebenspartner Georg Dreyman verrät, daran jedoch zerbricht und Selbstmord begeht. Dass Dreyman sie sogar verstehen kann, zeigt sich, als er sie sterbend in seinen Armen hält und nichts weiter zu ihr sagt als „Verzeih mir!". Dreyman scheint die Wende als einziger unbeschadet überlebt zu haben, doch in Erinnerung an Christa, wird er vermutlich nie wieder Stücke, in denen sie aufgetreten ist, ohne Schmerz betrachten können. Er ist der einzige, der versucht mit der Vergangenheit abzuschließen. Donnersmarck stellt die Wende jedoch keinesfalls als das Ende alles Schlechtem dar. Die Straßen in Berlin sind mit Graffiti beschmiert, verwahrlost und von der Armut ihrer Bewohner gezeichnet. Wiesler, der vor der Wende zur trostlosen Arbeit des Brieföffnens strafversetzt wurde, arbeitet ironischer Weise in ähnlich schlechter Position, als einfacher Brief- und Reklame-Austräger nach der Wende. Sein Leben scheint sich nicht maßgeblich verbessert zu haben. Umso schöner ist das Ende des Films, als er seine Belohnung, die Widmung in einem Buch, bekommt.

[127] Henckel von Donnersmarck, Florian: Das Leben der anderen: S. 205

6.4 Bezug zur Gegenwart

Florian Henckel von Donnersmarck hat mit diesem Film die Debatte über das Ministerium für Staatssicherheit (MfS)[128] angeregt. Die ehemalige Zentrale Untersuchungshaftanstalt des MfS in Berlin-Hohenschönhausen dient heute als Gedenkstätte für die dort von deutschen und sowjetischen Kommunisten verübten Verbrechen. Doch viele ehemalige Stasi- bzw. MfS-Mitarbeiter demonstrieren dagegen, ihnen ist der auf der dortigen Gedenktafel angebrachte Begriff „kommunistische Diktatur" ein Dorn im Auge. Bei einer öffentlichen Auseinandersetzung zum Thema störten die anwesenden „Ex- Offiziere" nicht nur mit Zwischenrufen, sondern brachten falsche Argumente und verdrehten die Tatsachen. Sie behaupteten u. a. der Ausgangspunk für schwere Kriminalität seien die Westallierten gewesen und sprechen über angeblich humane frühere Haftbedingungen usw. Des Weiteren kamen Forderungen wie die der Markierung des Standortes der „Dienststellen" als „Kampfgruppe gegen Unmenschlichkeit".[129] Wolfgang Schwanitz, der ehemalige Stellvertreter von Erich Mielke gehört zu den „Übriggebliebenen eines Regimes, die dabei sind deutsche Geschichte umzudeuten"[130] und die keine Reue zeigen. „Wenn man sich für einen revolutionären Weg entscheidet, und die DDR ist diesen sehr mutigen Weg gegegangen, dann darf man auch vor weiteren Konsequenzen nicht zurückschrecken"[131]. In seinen Behauptungen war, trotz der Gegendarstellungen vieler ehemaliger Insassen, Hohenschönhausen eine humane Haftanstalt.

128 Bundesministerium für politische Bildung: www.bpb.de/wissen (c): . Zum MfS zählten 1989 85.500 hauptamtliche Mitarbeiter und wahrscheinlich über 180.000 Inoffizielle Mitarbeiter (IM) (Fricke 1991: 43). Für alle IM, für die es verschiedene Kategorien gab, bestand die Pflicht zu strikter Konspiration. Meistens musste eine schriftliche Verpflichtungserklärung unterzeichnet werden. Die Hauptabteilung XX, die der Bekämpfung "politischer Untergrundtätigkeit" und "politisch-ideologischer Diversion" diente, war "das eigentliche Zentrum der Staatssicherheit" (Fricke 1991: 28).

129 Einsichten und Perspektiven: Bayrische Zeitschrift für Politik und Geschichte: www.km.bayern.de „Wir brauchen eine solche so genannte Gedenkstätte nicht..."(02/ 2006)

130 Geyer, Matthias: Das Leben des anderen. In: Der Spiegel. Nr. 33/ 2006 vom 14.08.2006. S. 63

131 Geyer, Matthias: Das Leben des anderen. S. 61

> „In der DDR galten wie in allen Staaten Gesetzte, die einzuhalten waren. Wer Strafgesetze verletzte war ein Täter, kein Opfer. Jetzt macht Deutschland - Schwanitz sagt: „ die BRD"- Gesetzesbrecher zu Opfern und Gesetzeshüter zu Tätern. Das ist für Mitarbeiter des MfS unerträglich."[132]

Auch Marion Lau schreibt online für „die Welt":

> „Zu den "vielen Fehlern der Einheit" gehört für Klier, daß man die Stasi "wie den Geheimdienst einer Demokratie behandelt hat, und nicht wie eine kriminelle Vereinigung. Das waren nicht unsere Brüder und Schwestern. In Den Haag kann man jetzt sehen, daß der Grundsatz, nachdem heute Recht sein muß, was früher Unrecht war, in unserer Zeit eben nicht mehr gilt. Die Täter wurden besser behandelt als die Opfer. Das muß aufhören."[133]

Der Zuschauer kann dem mit einer Wut im Bauch nur zustimmen, als am Ende der widerliche und reulose Minister Hempf, immer noch unbeschadet, auftaucht und es auch noch schafft Dreyman aufs Tiefste zu kränken. Alles was Hempf zur neuen Situation in der BRD einfällt ist: „ nichts mehr da, woran man glauben kann, nichts mehr, wogegen man rebellieren kann."[134] Die Narben in der deutsch-deutschen Geschichte sind somit auch 16 Jahre nach der Wiedervereinigung noch nicht verheilt und Donnersmarcks Film ein wichtiger Beitrag der deutschen Vergangenheitsbewältigung.

6.5 Rezensionen

Der Film *Das Leben der Anderen* wurde mit zahlreichen Preisen geehrt. Gleich 7-mal wurde er mit dem deutschen Filmpreis 2006 und 4-mal mit dem bayrischem Filmpreis 2005 ausgezeichnet. Des Weiteren gewann er noch den Publikumspreis beim Filmfestival von Locarno. Die Filmbewertungsstelle Wiesbaden zeichnete zudem *Das Leben der Anderen* mit dem Prädikat „besonders wertvoll" aus. Dementsprechend sind die Kritiken für den Film überwiegend sehr gut ausgefallen. Matthias Ehlert bewundert in der „Welt am Sonntag" Donnermarcks Film, für ihn ist *Das Leben der Anderen* großes Kino,

---

132 Geyer, Matthias: Das Leben des anderen. S. 59

133 Die Welt. de: (b) www.welt.de/ Schluß mit lustig / von Mariam Lau/ Artikel erschienen am Mi, 22. März 2006

134 Henckel von Donnersmarck, Florian: Das Leben der anderen. S.149

"wie man es hierzulande nur selten hinbekommt. Die mehr als zwei Stunden sind von atemloser Dichte, die Dialoge geschliffen, die Details überraschend, die Atmosphäre stimmig. Die Komplexität der Verstrickungen ist meisterhaft durchdrungen, und auf die üblichen Klischees wartet man vergeblich."[135]

Für Rainer Gansera aus der Süddeutschen Zeitung ist der Film „ ein raffinierter Mix aus Politthriller und Liebesmelo, Gewissensdrama und Gesellschaftporträt"[136] Für Holger Kreitling ist Das Leben der Anderen zugleich ein Essay der Töne:

> "Das Leben der Anderen" erzählt vom Abhören, es ist nebenbei auch ein Essay über Geräusche, über die Macht der Töne. Der zentrale Wendepunkt des Films - als der Abhörexperte beschließt, sich in das Schicksal seiner Opfer einzumischen - ist mit der Beethoven-Sonate vom guten Menschen unterlegt. Der Schriftsteller spielt die Musik, der Stasi-Offizier auf dem Dachboden und wir hören mit. "[137]

Viele Rezensionen betonten ebenfalls, dass endlich ein mal ein Film gedreht wurde, der das Leben in der ehemaligen DDR beschreibt, ohne diese in „ostalgischen" Klamauk zu ziehen.

> „Um die repressive Spät- DDR wiederauferstehen zu lassen, benötigt der Regisseur keine ständig durchs Bild hupenden Trabis oder an der Ecke wartenden Spitzel im Trenchcoat. Er manipuliert einfach die Farbskala, läßt das Blau verschwinden und dafür viel Braun, Beige, Grün und Grau aufscheinen. Den Tonfall der Partys, Premieren, Dienstbesprechungen oder Verhöre trifft er so präzise, als wäre er selber dabei gewesen. Doch das Wichtigste ist, daß sich hier endlich einer mal traut, Gefühlen den nötigen Raum zu gewähren. Hier will jemand die Zuschauer nicht nur beeindrucken, er will sie bewegen. „[138]

Endlich ein Film, der der Ernsthaftigkeit des Themas gerecht wird, meint auch Reinhard Mohr, der für den Spiegel-Online schreibt:

> „ Nach "Sonnenallee", "Good Bye, Lenin!", "NVA" und "Der rote Kakadu" ist "Das Leben der Anderen" der erste deutsche Spielfilm, der sich durchgehend ernsthaft, ohne Trabi-Nostalgie, Spreewaldgurken-Romantik und anderen folkloristischen Kla-

---

135 Welt am Sonntag: www.wams.de/Der Freund auf meinem Dach /Von

136 Süddeutsche Zeitung: www.sueddeutsche.de/kultur/ In der Lauge der Angst /Von Rainer Gansera

137 Welt. de (c) www.welt.de/ Die Macht der Töne von Holger Kreitling

138 Welt am Sonntag: www.wams.de/Der Freund auf meinem Dach

mauk mit dem Kern der 1989 untergegangenen Deutschen Demokratischen Republik auseinandersetzt - der systematischen Einschüchterung, Drangsalierung und Unterdrückung ihrer Bürger im Namen der "Staatssicherheit".[139]

"Dies ist womöglich der erste Film zum Thema, den Täter und Opfer gemeinsam sehen können, ohne sich an die Gurgel zu gehen"[140] schreibt Mariam Lau in der Welt-Online.

139 Spiegel. de: www.spiegel.de/ Stasi ohne Spreewaldgurke Von Reinhard Mohr

140 Welt. de: (b) www.welt.de / Schluß mit lustig / von Mariam Lau

7 Sozio-Politischer Quervergleich der Werke

Die antiutopischen Romane und der Film *Das Leben der Anderen* beabsichtigen alle vor der Zukunft zu warnen und bestehende Missverhältnisse zu verdeutlichen. Durch den Bezug auf vergangene Zeiten, sowie durch die Entwicklung eines konkreten Zukunftsbildes, wird dieses Ziel vorangetrieben. Die Schwerpunktlegung ist jedoch unterschiedlicher Natur, ebenso die als zukünftige Gefahr angesehene Thematik.

Während der Handlungszeitrum der Republik Gilead, gegründet ca. 1980, in der jetzigen Gegenwart angesiedelt ist, die Zukunft der Welt in *Der Mastercode* im Jahr 2020 heute unmittelbar bevor liegt, leben die Menschen in *Schöne neue Welt* in einer weit entfernten Zukunft, ca. im Jahr 2550. *Das Leben der Anderen* thematisiert einen Zeitpunkt in der Vergangenheit, die Geschehnisse finden im Orwell Jahr 1984 statt.

Während der Staat Gilead und die DDR dem traditionellen antiutopischen Beispiel des von der Außenwelt stark isolierten Staates folgen, ist bei McBains *Der Mastercode* und in *Schöne neue Welt*, die ganze Weltbevölkerung betroffen. Isoliert sind hier die aus der Gesellschaft Ausgeschlossenen, also auf einer Insel im Exil Lebenden, wie in der „schönen neuen Welt" oder die noch nicht in *Mother* registrierte Bevölkerung bei McBain.

Die Ursachen für die bestehenden Missverhältnisse im jeweiligen antiutopischen Staatswesen sind ebenfalls unterschiedlich. Huxley ließ seine Schreckensvision der Zukunft, aus der Sicht 1932, als die logische Konsequenz eines Weltkrieges, mit chemischen und biologischen Massenvernichtungswaffen, entstehen. Atomwaffen waren damals noch nicht bekannt. In den 80er Jahren des 20. Jahrhunderts sah Atwood die Folgen einer Umweltkatastrophe wie Kernkraftwerk-Unfälle, mit Auswirkung auf die weibliche Fruchtbarkeit, als wahrscheinlichste Möglichkeit ihres Zukunftsdilemmas. Für McBain im Jahre 2005, zielen die Entwicklungen der Gegenwart eher auf die eines globalen, allumfassenden Computernetzwerkes und daraus erfolgender Totalüberwachung hinaus, als auf einen Weltkrieg zwischen verschiedenen Nationen. Die einzelnen Geschichtsdaten in Huxleys *Schöne neue Welt*, die am weitesten in der Zukunft angesiedelt ist, bleiben ebenfalls antiutopie-typisch fragmenthaft, da eine neue Zeitrechnung eingeführt und das Geschichtsbild manipuliert wurde. Genau wie in Gilead wird keine direkte Weiterentwicklung gewünscht, das Staatssystem soll statisch die nächsten Jahrhunderte überdauern. Aus diesem Grund werden in Gilead, in der „schönen neuen Welt" und teilweise auch in der ehemaligen DDR die früheren Verhältnisse und Ideologien, vor der Staatsumwälzung verteufelt und abgeschafft. „Geschichte ist Mumpitz" aus *Schöne neue Welt* sowie Verklärungen Gileads über die angeblich Befreiung von früher dagewesener sexueller Belästigung oder die Aufhetzung in der ehemaligen DDR gegen die Feinde im Westen, dienen alle demselben Zweck, nämlich die neue Ideologie einzuführen. Der Wahlspruch der „schönen neuen Welt" lautet „Gemeinschaftlichkeit, Einheitlichkeit, Beständigkeit". Jeder ist zufrieden mit sich und seiner Lebensgestaltung, Hedonismus und Konsum sind die gesellschaftlichen Leitbilder. Ganz anders ist in Gilead, das absolute Ziel des Staates ist der Geburtenaufschwung, einhergehend mit der völligen Unterdrückung der Frau unter dem Deckmantel der Religion. Bei McBain wird das Volk nicht mit großartigen Ideologien, sondern mit finanziellen Rabatten und Vergünstigen gefügig gemacht.

Als Mittel zur Errichtung der neuen Staatsphilosophie wird eine gezielte Sprachpolitik zur Manipulation des freien Geistes verwendet. Eine Methode bildet die Wortverschönerung, so werden in Gilead die Soldaten zu *„Engeln"* und die Aufseherinnen im Strafgefangenenlager zu *„Tanten"* und bei McBain heißt der Leitspruch „Mother bringt Freiheit". Ein weiteres Mittel sind gezielte Tabus, so ist das Wort „steril" in Gilead verboten. Die DDR erfand dem *„Klassenfeind"* und in Huxleys Welt rufen Worte wie „Mutter und Vater" nur Belustigung hervor. Alle drei Antiutopien verwenden Propagandaparolen um die Massen zu beeinflussen, mit dem Ziel, dies in den allgemeinen Sprachgebrauch einzugliedern. Huxley ist in diesem Punkt der Erfindungsreichste. „Bist Du verdrossen, flugs Soma genossen"...„Hopp, hopp, hopp! Bazillchen lauf Galopp!" sind nur zwei seiner vielen eher verniedlichenden Schöpfungen. In Gilead legt man auf den religiösen Fruchtbarkeitssymbolismus wert, „Gesegnet sei die Frucht" ist dort die gängige Begrüßungsformel. Bei McBain werden die Parolen ganz unverholen und unmissverständlich verwendet. „Die Zwangsregistrierung deckt den Terrorismus auf."

Die Inhalte der Ideologien werden nahezu mit religiösen Werten gleichgesetzt. Bei Huxley wird aus Gott dem „Lord" einfach Gott der „Ford". Das Kreuz wird zum „T". In Gilead ist Staat und Religion strikt miteinander verbunden, alle passend erscheinenden Bibelzitate werden in die Staatsphilosophie miteingebunden. Allerdings nimmt dies die Bevölkerung Gileads nicht (wie die auf Zufriedenheit genormte in der „schönen neuen Welt") glücklich auf, sondern es wird nur scheinbar danach gelebt. In *Der Mastercode* gibt es keine gläubige Bevölkerung mehr und alle Priester sind machthungrig und korrupt.

Ein Beispiel vom Verhältnis Kirche zum totalitären Staat zeigt die ehemalige DDR. Dort herrschte zwar Religionsfreiheit, doch versuchte der Staat den Einfluss der Kirchen zurückzudrängen, indem er die Möglichkeit für Kirchenmitglieder, zu studieren bzw. eine staatliche Laufbahn einzuschlagen, erschwerte. Dies bewirkte, dass die Anzahl der Kirchenmitglieder stetig sank.

Politisch thematisiert werden in den meisten Antiutopien totalitäre Staatsformen, weil diese großen Schrecken hervorrufen. „Demnach deutet schon Platons Werk an, >dass die Ideen, die wir heute totalitär nennen, einer Tradition angehören, die ebenso alt oder ebenso jung ist wie unsere Zivilisation selbst"[141]. Ziel aller antiutopischer Staaten ist zudem das Erreichen eines stabilen Systems. Als Mittel fungiert bei allen vier untersuchten Formen die Unterdrückung. In *Der Mastercode* soll dies durch digitalisierte Kontrolle erreicht werden. Gilead und die ehemalige DDR (in abgeschwächter Form) haben hier besonders viele Parallelen, beide Staaten sind antidemokratisch geführt und die Bevölkerung wird unterdrückt. Die Staatsführer haben eine omnipotente Machtposition. Es herrscht eine Vielzahl von Geboten und Verboten, außerdem scheint es keine reelle Gewaltenteilung von Exekutive, Legislative und Judikative zu geben. Der Überwachungsapparat ist in beiden Staaten topp ausgebaut und lebt durch eine Vielzahl von Spitzeln und einer gut organisierten Geheimpolizei. Die Stasi kommt also den so genannten *Augen* gleich.

Die Entwicklung zum völligen totalitären System ist in *Der Mastercode* noch nicht abgeschlossen und kann letzten Endes doch verhindert werden. Wäre dies nicht geschehen, hätte die oligarche Regierung vermutlich ähnliche oder gleiche Methoden angewandt. Dennoch verfügen die Regierungen in *Der Mastercode* auch schon über eine Geheimpolizei, die Nachrichten abfängt und kontrolliert. Ganz anders in *Schöne neue Welt*, die dortige Form der Unterdrückung bietet eine Steigerungsform zu den herkömmlichen Methoden, da diese durch gentechnische Vorprägung erreicht wird. In Huxleys Welt sind demnach Methoden wie Überwachung längst veraltet, da den Menschen schon vor ihrer Geburt die Fähigkeit zum Widerstand genommen wird.

Typisch für antiutopische Gesellschaftsdarstellungen ist ein kollektives Massenbewusstsein der Bevölkerung. Der Mensch hat seine Individualität verloren und wird zur ersetzbaren namenslosen Figur im System. Huxley hat dies mit seinen in Klassen eingeteilten Klon-Dutzendlingen

---

141 Meyer, Stephan: Die antiutopische Tradition: Eine ideen- und problemgeschichtliche Darstellung. S.33

beispielhaft verdeutlicht. In Gilead wird noch nicht über die Mittel genetischer Gleichschaltung wie in der „schönen neuen Welt" verfügt, daher wird die Bevölkerung durch Farben gekennzeichnet und durch unterschiedliche Benennung in Klassen eingeteilt. Durch den Verlust des individuellen Namens werden insbesondere die Mägde psychologisch unterdrückt. Auch im *Der Mastercode* herrscht eine Klassengesellschaft, allerdings eine materielle. Jeder Mensch kann seine Individualität ohne weiteres behalten, - die Menschen aus den niederen Klassen können sich damit auch nicht mehr leisten-, dachten sich die Machthabenden. Das ist allerdings einer der Fehlerpunkte des Weltsystems von McBain, dessen Abschaffung die Weltführungsspitze zu spät angegangen ist und weswegen es auch schließlich scheitert. So lange die Menschen einen freien Geist besitzen und die Meinungsfreiheit noch nicht verboten ist, musste es zwangsweise zu Demonstrationen und Revolten kommen.

Passend zum Massenbewusstsein werden Massenveranstaltungen angeboten, um das Gemeinschaftsgefühl zu stärken. In der „schönen neuen Welt" sind alle Freizeitangebote, wie Fühlkino oder Sport als Klassen-Massenveranstaltungen angelegt. Der Mensch in der „schönen neuen Welt" fühlt sich nur unter Gleichgesinnten wohl und verabscheut die Einsamkeit. In Gilead soll eine Art solidarisches Gemeinschaftsgefühl der Frauenklassen erreicht werden. An Geburten und Hinrichtungen nehmen alle Frauen des Bezirks gemeinsam teil. In der DDR konnte man den Menschen zwar nicht ihre eigene Identität nehmen, aber auch hier war das Gesellschaftsleben durch Massenorganisationen geprägt.

Eine Gemeinsamkeit liegt auch in der pseudohaften Legitimierung der Macht.

Mustapha Mannesmann erklärt anschaulich warum er die Vorzüge der „schönen neuen Weltordnung" so schätzt. Abstoßende Legimitierungsversuche bringt auch Desfreds Kommandant hervor, entscheidend hierbei ist, dass beide nicht völlig hinter dem System stehen, sondern es nur vertreten, da ihnen persönlich kaum Schaden entsteht. Eine Ausnahme bilden hier die führenden, bösen Köpfe in *Der Mastercode*. Doug Sullivan und Anthony Stone sind einfach so durchweg skrupellos, dass sie kaum versuchen ihre Absichten zu verheimlichen. Beide stehen auch völlig hinter ihrem geplanten System der Machtübernahme.

In der „schönen neuen Welt" wird zudem genau wie in Gilead die menschliche Reproduktion in die alleinige Verantwortung des Staates gestellt. Huxleys Produktion der Weltbevölkerung ist maschinell steuerbar, es herrscht somit weder Über- noch Unterbevölkerung. Während dort die Produktion von Menschen sogar in vielerlei Klassen ausführbar ist, geht es in Gilead um das nackte Überleben der Bevölkerung, die von einem fatalen demographischen Rückgangs geplagt ist.

Auch der Aufbau der vier Werke ist ähnlich. Wie dem Genre typisch, wird die Weltordnung aus Sicht eines oder mehrerer Außenseiter nahe gebracht. Die Thematik zeigt in unterschiedlicher Weise die Auseinandersetzung eines Individuums mit dem Staat. In Huxleys *Schöne neue Welt* zweifeln gleich mehrere Protagonisten am System. Die Person, die den größten Außenseiterstatus besitzt, Michel, scheitert und wählt den Freitod. Ebenso Christa-Maria Sieland in *Das Leben den Anderen*. Ähnlich wie bei Michel sind die Umstände, wie sie ihr Leben in der DDR führen kann, nur schwer erträglich: Entweder kann sie als berufsverboterleidende und gesellschaftlich benachteiligte ehemalige Schauspielerin oder als inoffizielle Mitarbeiterin der Stasi (eingeschlossen dem Verrat an ihrem Geliebten) existieren. Daran scheitert und zerbricht sie. Desfred hat Glück und ihr gelingt die Flucht, gerade rechtzeitig, da ihr eigener Widerstand gegen das System schon so gut wie zerbrochen war. Pia ist die Glücklichste aller Protagonisten, ihr kam durchs Schicksal eine tragende Rolle zur Rettung der Welt zu. Auch diese Wendung trat rechtzeitig ein, der von ihr anfänglich geplante Selbstmordversuch wäre ansonsten wahrscheinlich geglückt. Auslöser der Widerstandsempfindungen ist in allen vier Werken die Liebe, die stärkste aller Emotionen. Michel liebt Lenina, doch ihre Vorprägung verhindert, dass sie in ihrem Leben jemals gleiche Gefühle für ihn erleben kann. Desfred sehnt sich den ganzen Roman hindurch nach Liebe, erst nach ihrem früheren Gatten und später nach Nick, für den sie Zuneigung empfindet und bei dem sie Geborgenheit erfährt. Was aus dieser Liebe geworden wäre steht in den Sternen, da sie fliehen musste. Christa-Maria Sieland kann nach dem Verrat an ihrem Geliebten nicht weiterleben. Nur Pia und Esko, dürfen im Happyend des Romans ihre Liebe behalten und einer glücklichen Zukunft entgegensehen. Aber auch reguläre Bewohner der totalitären Staatsformen weisen Entwicklungen auf. Helmholtz Watson aus *Schöne neue Welt* erinnert hierbei an Gerd Wiesler aus der DDR und Oswald Plevy in *Der Mastercode*. Alle drei beginnen im Laufe der Geschichte am vorher befürworteten oder akzeptierten System zu zweifeln und vollziehen eine Totalkehrtwende.

Satirische und ironische Stilmittel sind in allen beschriebenen Antiutopien vorhanden, auch in *Das Leben der Anderen* wird das vorhandene System verulkt, so reißt z. B. MfS-Oberleutnant Grubitz einen Honecker-Witz um Solidarität zu einem untergeordneten Stasi-Mitglied zu bekunden und lässt ihn hintenrum trotzdem degradieren.

Die Autoren warnen vor unterschiedlichen Zukunftsszenarien mit verschiedenen Geschichten. Das gemeinsame Ziel ihrer Aussage, dass ein Individuum nur jenseits einer überreglementierenden Ordnung Glück und Freiheit finden kann, ist allen geglückt.

8 Zusammenfassung

Würde man die Entwicklung der Antiutopie an den drei vorgestellten Beispiel-Romanen ausmachen, erregt zunächst die unterschiedliche Schwerpunktlegung Aufmerksamkeit. Huxleys Hauptthematik aus dem Blickwinkel von 1932 bleibt die Angst vor den Auswirkungen der Genforschung und Klonung. 1985 waren erste Fortschritte in diese Richtung bereits vollzogen. Margaret Atwood orientierte sich trotzdem weniger an Fortschrittsentwicklungen in der Zukunft, sondern an einer neuen Gefahr, dem Aufkommen extremistischer Religionsführer. In ihrer Vision bedeutet die Zukunftsentwicklung keinen Fortschritt, sondern einen Rückschritt für die Menschheit. 2005, im Jahr als *Der Mastercode* veröffentlicht wurde, ist das Problem der extremistischen geistigen Führer immer noch nicht schwächer geworden und die Klon- und Gentechnik machen fast täglich Fortschritte. Huxleys Vorstellungen sind also umso näher gerückt. Dennoch thematisiert McBain die Problematik technischer Überwachung einhergehend mit Auswirkungen auf das Datenschutzrecht und die Gefahr der Globalisierung, als wahrscheinlichste Schreckensvisionen.

McBains Zukunftsvision hängt genau wie die von Huxley, mit technologischen Entwicklungen zusammen, allerdings im Informatikbereich. Mit Hilfe des allumfassenden Computernetzwerkes ist die globale Zusammenarbeit korrupter Oligarchen und die Überwachung der Menschheit, ein Kinderspiel geworden. Von Scott McBains Vorstellung der technischen Entwicklung ist die Gegenwart praktisch nur noch einen kleinen Schritt entfernt. Deshalb ist auch McBains Vorstellung der heutigen unmittelbaren Zukunft am ähnlichsten, eine Entwicklung, die keiner seiner beiden Vorgänger vorausahnen konnte.

Welches dieser drei Zukunftsszenarien das Schrecklichste ist, bleibt wahrscheinlich dem eigenen subjektiven Empfinden überlassen, da jede ihren ganz eigenen Schrecken besitzt. Für die jeweilige dort lebende Bevölkerung besitzen auf den ersten Blick, die Bewohner der „schönen neuen Welt" das zufriedenste Dasein. Ihnen mangelt es an nichts. Doch genau das ist es, was den Schrecken dieses Weltmodells meiner Meinung nach zum Schlimmsten der dreien emporhebt. Die Fähigkeit, Mangel überhaupt empfinden zu können, erscheint dem Leser plötzlich als eines der höchsten Güter. Als zweitschlimmste Weltvorstellung kommt einem zunächst, die von den Unterdrückungsmechanismen geplagte Bevölkerung Gileads in den Sinn. Dennoch halte ich das Zukunftsmodell von McBain, wäre es nicht im letzten Moment vereitelt worden, für schlimmer. Denn in McBains mother-kontrollierten Welt, sind die unteren Bevölkerungsschichten machtlos, sie können nirgendwohin fliehen. *Mother* und die Satellitenüberwachung hätten auch noch den letzten Verweigerer aufgespürt. Während rund um Gilead eine normale Welt zu existieren scheint. Zwar herrscht dort ein großflächig verseuchtes Gebiet auf der Erde, die so genannten Kolonien, aber es scheint noch weitere unverseuchte Erdteile zu geben. Japanische Touristen tauchen plötzlich vor Desfred bei einem ihrer Einkaufsgänge auf, fotografieren und fragen sie interessiert, ob sie glücklich sei. Atwood erläutert nicht, ob die in Gilead vorausgegangenen Umweltkatastrophen, beinahe alle Frauen der Weltbevölkerung unfruchtbar gemacht haben oder ob sich diese Tragödie nur auf Nordamerika bezieht. Sollte auch in den anderen Kontinenten dieses Problem bestehen, wäre Atwoods Weltbild das Schlimmste, da dies ein Aussterben der gesamten Weltbevölkerung binnen zwei bis drei Generationen mit sich ziehen würde.

Solange es in der Welt Missstände gibt, solange wird es vermutlich Autoren geben, die es sich zur Aufgabe machen antiutopische Romane zu schreiben, um die Welt davor zu warnen. Besonders die Bevölkerung der ersten Welt, die mit ihrem Lebensstandard mehr oder weniger zufrieden ist, fehlt es oft an kritischen Auseinandersetzungen mit dieser Thematik. Denn wie auch immer die Zukunft der Menschheit aussieht, dass sie ohne aktives Zutun, rosig wird, ist mehr als unwahrscheinlich.

9 Literaturverzeichnis

Primärliteratur

Atwood, Margaret: Der Report der Magd. Roman [The Handmaid's Tale, Toronto 1985, dt. Von Helga Pfetsch]- 4. Aufl.- Düsseldorf (jetzt Hildesheim): Claassen Verlag, 1998

Atwood, Margaret: The Handmaid`s Tale (engl.) - 1. Aufl.- Berin: Cornelsen Verl., 2005

Henckel von Donnersmarck, Florian: Das Leben der anderen: Filmbuch von Florian Henckel von Donnersmarck. Erste Aufl., Frankfurt am M.: Suhrkamp, 2006 (suhrkamp taschenbuch 3786)

Huxley, Aldous: Schöne neue Welt. Roman. [Brave new World, Co by Mrs Laura Huxley, 1932, übers. von Herberth E. Herlitschka] - 62. Aufl.- Frankfurt am M.: Fischer Taschenbuch Verl., 2005 [1932; 1949; 1953; 1981]

McBain, Scott: Der Mastercode. Thriller – Dt. Erstausg.- München: Knaur, 2005

Sekundärliteratur

Rezensionen: Schöne neue Welt

Beckmann, Angela: Denken verboten: Aldous Huxley und die „Schöne neue Welt". In: General- Anzeiger. Nr. 33011. 23.08.1998, S. IV

Busch, Jürgen: Was ist dreißig Jahre danach? In: Frankfurter Allgemeine (FAZ) vom 25. Mai 1976.

B., F.: Schöne neue Welt. In: NWZ Göppinger Kreisnachrichten. Vom 15. 04. 1977

Hesse, Hermann: Aldous Huxley, - Welt- wohin?. In: Beilage zur Neuen Rundschau. Heft 5 vom Mai 1933

Huxley, Aldous: „Drogen der Glückseligkeit" im Artikel von Haas, Willy: „Die Zukunft wird ganz anders sein": In: Welt am Sonntag. 01.07.1956 (Copyright Wams- Sunday Times)

Natan, Alex: Kassandrarufe: Zu den neuen Büchern von Aldous Huxley und Arthur Koestler. In: Stuttgarter Zeitung. Nr. 36 vom 13.02.1950.

Portmann, A.: Um einen neuen Humanismus: Eine Stellungnahme zu zwei Neuerscheinungen von Julian und Aldous Huxley. In: Die Weltwoche. Nr. 1335 vom 06. 1959

Ueding, Cornelie: Angst und Lust. Orwell und Huxley neu gelesen. In Tagesspiegel. Nr. 11 177 vom 04.07.1982, S. 45

Rezensionen: Der Report der Magd/ Die Geschichte der Dienerin

Desalm, Brigitte: Biblisch und doch verflucht: „ Die Geschichte der Dienerin", erster deutscher Berlinale- Beitrag. In: Kölner Stadt- Anzeiger. Nr. 35/ 38 vom 10.02.1990

Hallmayer, Petra: Leben unter Aufsicht. In: Westdeutsche Allgemeine Zeitung. Nr. 275 vom 25. 11. 1987

Hammerstein, Dororthee: Garantiert lustfrei: Schlöndorffs Film „ Die Geschichte der Dienerin" in Freiburg. In: Badische Zeitung. Nr. 39 vom 16.02.1990

K., W.: Als wär's ein Stück von George Orwell...:" Die Geschichte der Dienerin"- ein Spielfilm von Volker Schlöndorff. In: Frankfurter Rundschau. Nr. 139 vom 17.06.1992

Körte, Peter: Bilderbuchhaft totalitär: Volker Schlöndorff verfilmt „ Die Geschichte der Dienerin". In: Frankfurter Rundschau. Nr. 39 vom 15.02.1990

Leitenberger, Ilse: Vision des Schreckens: Desfreds Aufzeichnungen. In: Die Presse. Nr. 11737 vom 25. 04. 1987

Mayer, Susanne: Schöne freie Welt: Margaret Atwoods Roman „ Der Report der Magd". In: Die Zeit. Nr. 46 vom 06.11.1987

Nolde, Rainer: Kühle Bilder und schroffe Striche. In: Die Welt. Nr. 36 vom 12.02.1995

Pfister, Eva: Ein Report über Macht und Ohnmacht. In: Rheinische Post. Nr. 219 vom 19.09.1987

Schubert, Martina: Margaret Atwood ist keine Amerikanerin. In: Frankfurter Rundschau. Nr. 45 vom 23.02. 1993

Schwarzkopf, Margarete von: Die Frau des Kommandanten: Terror im Gottesstaat: Margaret Atwoods neuer Roman. In: Die Welt. Nr. 194 vom 22. 08. 1987

Sütterlin, Sabine: Gebürstet und gefüttert , wie ein Preis- Schwein: „Der Report der Magd von Margaret Atwood: Ein gynäkologisches 1984 aus gileadischer Zeit. In: Die Weltwoche. Nr. 20 vom 14.05.1987

Warnung vor Gilead. In: Der Spiegel. Nr. 23, 41. Jahrg. Vom 01.06. 1987

Wegner, Matthias: Kasernierte Frauen: „Der Report der Magd". In: Frankfurter Allgemeine Zeitung (FAZ). Nr. 114 vom 18.05.1987.

Rezensionen: Das Leben der Anderen

Deggerich, Markus (u.a.): Das Drehbuch der anderen. In Der Spiegel. Nr. 18 2006. S. 152ff

Leitgeb, Hanna: Filmbuch: Florian Henckel von Donnersmarck, Das Leben der Anderen. In: Literaturen. Nr. 06 2006. S. 84

BR-online: www.br-online.de/kultur-szene/film/kino/0602/05838/- (Zugriff 30.07.2006): Margret Köhler: Das Leben der Anderen

Sonstige Quellen:

Berghahn, Klaus L. (Hrsg.): Literarische Utopien von Morus bis zur Gegenwart/ Hrsg. Von Klaus L. Berghahn und Ulrich Seeber.- 2. Aufl.- Königsstein/Ts.: Athenäum, 1986

Cioran, E. M.: Geschichte und Utopie. – Stuttgart: Klett, 1965

Erzgräber, Willi: Utopie und Antiutopie in der englischen Literatur: Morus, Morris, Wells, Huxley, Orwell. – München: Fink, 1980

Geyer, Matthias: Das Leben des anderen. In: Der Spiegel. Nr. 33/ 2006 vom 14.08.2006

Gnüg, Hiltrud: Der utopische Roman: Eine Einführung.- München: Artemis Verl., 1983

Heuermann, Hartmut (Hrsg.): Die Utopie in der angloamerikanischen Literatur: Interpretationen/ Hartmut Heuermann; Bernd- Peter Lange. - 1. Aufl.- Düsseldorf: Bagel, 1984

Huxley, Aldous: Wiedersehen mit der Schönen neuen Welt/ Aus dem Englischen von Herbert E. Herlitschka.- 4- Aufl.- München: Piper, 1987

Katz, Heike: Politische Utopien/ Heike Katz; Oliver Schoell (Hrsg.).- 1. Aufl.- Göttingen: Cuvillier, 1998.

Königs Erläuterungen und Materialien: Aldous Huxley Schöne neue Welt/ von Reiner Popper. - 3. Aufl.- Hollfeld: C. Bange Verl., 2005 (König Erläuterungen Bd. 338.)

Königs Erläuterungen und Materialien: Aldous Huxley Schöne neue Welt; Ray Bradbury Fahrenheit 451/ von Reiner Poppe. – 5, verbesserte Aufl.- Hollfeld: Bange, 1999

Lektüreschlüssel Aldous Huxley: Brave New World; Schöne neue Welt/ von Heinz Arnold.- Stuttgart: Reclam, 2005 (reclams Universal- Bibliothek Nr. 15366)

Meyer, Stephan: Die anti-utopische Tradition: Eine ideen- und problemgeschichtliche Darstellung. - Frankfurt am M.: Peter Lang, 2001 (Europäische Hochschulschriften, Reihe I, Bd. 1790)

Neusüss, Arnhelm: Utopie: Begriff und Phänomen des Utopischen/ Hrsg. Und eingel. Von Arnhelm Neusüss.- Neuwied; Berlin: Luchterhand, 1968

Pordzik, Ralph (Hrsg.): Utopie und Dystopie in den neuen englischen Literaturen/ Hrsg. Von Ralph Pordzik; Hans Ulrich Seeber.- Heidelberg: Universitätsverl. C. Winter, 2002 (Anglistische Forschungen, Band 304)

Saage, Richard: Politische Utopien der Neuzeit. – Darmstadt: Wissenschaftliche Buchges. , 1991

Schumacher, Theo: Aldous Huxley. – 2. Aufl.- Reinbeck b. Hamburg: Rowohlt Taschenbuch Verl., 1992 (rowohlts monographien).

Schwonke, Martin: Vom Staatsroman zur Science Fiction: Eine Untersuchung über Geschichte und Funktion der naturwissenschaftliche- technischen Utopie/ Hersg. Von Prof. Dr. H. Plessner.- Stuttgart: Ferdinand Enke Verl., 1957 (Göttinger Abhandlungen zur Soziologie, 2. Band)

Ueding, Gert (Hrdg.): Literatur ist Utopie. – Erste Aufl.- Frankfurt am M.: Suhrkamp, 1978. (edition suhrkamp 935)

~Der~ utopische Staat/ Hersg. Von Klaus J. Henisch.- 118.-120. Tsd.- Reinbeck b. Hamburg, 1998.

Villgradter, Rudolf: Der utopische Roman/ Hrsg. Von Rudolf Villgradter und Friedrich Krey. Darmstadt, Wissenschaftliche Buchgesellschaften, 1973.

Vosskamp, Wilhelm (Hrsg.): Utopieforschung: Interdisziplinäre Studien zur neuzeitlichen Utopie (3).- Stuttgart: Metzler, 1982

Wehdeking, Volker: Volker Schlöndorffs Filme nach 1990. In: Braun, Michael/ Kamp, *Werner: Kontext Film. Film und Literatur.* - Berlin: E. Schmidt Verl., 2006-09-05

Internet:

Bayrischer Rundfunk:
http://www.br-online.de/kultur-szene/film/kino/0602/05838/ Das Leben der Anderen von Margret Köhler

Berliner Zeitung:
www.berlinonline.de/berlinerzeitung/archiv/.bin/dump.fcgi/1997/1004/magazin/0002/Gottgefällige Männer. Der Bund der Promise Keepers und das Netzwerk der Christlichen Rechten in den Vereinigten Staaten. 04.10.1997 von Ulrike Heider (Zugriff 03.09.2006)

Bibelkommentare.de:
(a) http://www.bibelkommentare.de/-index.php?page=dict&article_id=1894 (Zugriff 30.08. 2006)
(b) Vgl.: www.bibelkommentare.de/-index.php?page=dict&article_id=1875&jumped_id= (Zugriff 06.09.2006)

Bundesministerium der Justiz:
http://www.bmj.bund.de/files/506ee212fdfae1d92754d0c0b2ca036a/1148/ESchG.pdf (Zugriff 04.09.2006)

Bund für Geistesfreiheit:
http://bfgb.de/vortraege/fundamentalismus_heute.htm#324/ *„Fundamentalismus und religiöser Fanatismus in der Welt von heute"/Vortrag von Helmut Steuerwald, Vortrag beim Bund für Geistesfreiheit (bfg) Fürth K.d.ö.R. in Zusammenarbeit mit dem Humanistischen Bildungswerk Bayern, 16. November 2001) (Zugriff 04.09.2006)*

Bundesministerium für politische Bildung:
(a) www.bpb.de/wissen/H75VXG.html (Zugriff 05.09.2006): *Angegebene Quelle: Elger, Ralf/Friederike Stolleis (Hg.): Kleines Islam Lexikon. Geschichte - Alltag - Kultur. München: Beck 2001. Lizenzausgabe Bonn: Bundeszentrale für politische Bildung 2002.*

(b): www.bpb.de/wissen/H75VXG,,.html? (Zugriff 05.09.2006): *GlobalisierungAngegebene Quelle: Schubert, Klaus/Martina Klein: Das Politiklexikon. 3., aktual. Aufl. Bonn: Dietz 2003.*

(c): www.bpb.de/wissen/06403250300653476753895993768824-,1,0,Ministerium_f%FCr_Staatssicherheit_(MfS).html (Zugriff 05.09.2006):*Angegebene Quelle: Andersen, Uwe/Wichard Woyke (Hg.): Handwörterbuch des politischen Systems der Bundesrepublik Deutschland. 4. Aufl. Opladen: Leske+Budrich 2000. Lizenzausgabe Bonn: Bundeszentrale für politische Bildung 2000.*

Einsichten und Perspektiven: Bayrische Zeitschrift für Politik und Geschichte: http://www.km.bayern.de/blz/eup/02_06/1.asp/ *„Wir brauchen eine solche so genannte Gedenkstätte nicht...und ich werde mich als Lichtenberger dagegen mit allen Mitteln wehren! Von Steffen Alisch (02/2006)/ (Zugriff 05.09.2006)*

Europarat: Übereinkommen zum Schutz der Menschenrechte und der Menschenwürde im Hinblick auf die Anwendung von Biologie und Medizin: Übereinkommen über Menschenrechte und Biomedizin, SEV-Nr. : 164.
http://conventions.coe.int/Treaty/ger/Treaties/Html/164.htm:
(a) Kapitel I Allgemeine Bestimmungen/ Artikel 1 Gegenstand und Ziel (Zugriff 04.09.2006)
(b) Artikel 2 Vorrang des menschlichen Lebewesens (Zugriff 04.09.2006) (Zugriff 04.09.2006)
*(c) http://conventions.coe.int/Treaty/Commun-/QueVoulezVous.asp?NT=164&CM=8&*DF=5/6/2006&CL=GER (Zugriff 04.09.2006)

Evangelische Fernbibliothek: www.efb.ch/Texte/adefusa.htm/ *Evangelikalismus und Fundamentalismus, in den USA/ Konservative Protestanten und die Medien/ Herausgeber: Evangelisch-Soziale Parteigruppe © 1993-2004, Schlussredaktion: Rolf Strasser (Zugriff 30.08.2006)*

Google earth: http://earth.google.de/

Handelsblatt. com: www.handelsblatt.com/news/-Default.aspx?_p=200050&_t=ft&_b=916452/ *Ausweisdokumente haben ihren Preis: Elektronische Pässe sind beschlossene Sache/ HANDELSBLATT, Mittwoch, 22. Juni 2005, 12:55 Uhr (Zugriff 31.08.2006)*

Interpharma. ch: Interpharma ist der Verband der forschenden pharmazeutischen Firmen der Schweiz:
(a) www.interpharma.ch/de/235_696.asp (Zugriff: 06.09.2006): Stammzellen
(b) www.interpharma.ch/de/235_695.asp (Zugriff 06.09.2006): Reproduktives Klonen
(c) www.interpharma.ch/de/235_695.asp (Zugriff 06.09.2006) : Therapeutisches Klonen

IT Wissen: Online-Lexikon für Informationstechnologie: www.itwissen.info/definition/lexikon/verkehr/_obuobu_obuon-board%20unit%20obu_obuon-board-unit.html/ *On-Board-Units (Zugriff 05.09.2006)*

Netzeitung.de: http://www.netzeitung.de/wissenschaft/355599.html/ *US-Amerikaner unterstützen Schöpfungstheorie vom 31. Aug 2005 (Zugriff 30.08.2006)*

Science@home. Das Wissenschaftsportal: http://www.science-at-home.de/lexikon/lexikon_det_00090801000002.php. *Lexikon: Intelligent Design. (Zugriff 30.08.2006)*

Spiegel. de: *www*.spiegel.de/kultur/kino/0,1518,406092,00.html *Von Reinhard Mohr/ Stasi ohne Spreewaldgurke/(Zugriff 03.09.2006)*

Süddeutsche Zeitung:
(a) www.sueddeutsche.de/,tt1m2/ausland/artikel/557/67490/ 06.01.2006, 10:10 Uhr "Wehe dir" Prediger nennt Scharons Schlaganfall Strafe Gottes" (Zugriff 04.09.2006)
(b)www.sueddeutsche.de/kultur/special/218/65153/index.html/kultur/artikel/603/72531/3/article.html/ *In der Lauge der Angst /Von Rainer Gansera (Zugriff 08.09.2006)*

Tageschau: Vgl.: www.tagesschau.de /aktuell/meldungen/0,1185,OID5068368,00.html.(Zugriff 15.08.2006) *Artikel Niederlage für christliche Fundamentalisten in USA Stand:21.12.200508:08Uh (Zugriff 30.08.2006)*

TAZ.de: *www.taz.de/pt/2006/03/22/a0166.1/text/taz vom 22.3.2006, S. 16, 171 Z. (Kommentar)/Wenn Spitzel zu sehr lieben von Claus Löser (Zugriff 31.08.2006)*

Unesco: www.unesco.de/c_bibliothek/dek_genom.htm. *Allgemeine Erklärung über das menschliche Genom und Menschenrechte/ C. Forschung am menschlichen Genom/ Artikel 11.*

Uni-Kassel: www.uni-kassel.de/fb5/frieden/regionen/Mauretanien/sklaverei.html/

Die Sklaverei wurde offiziell schon dreimal abgeschafft, tatsächlich aber wird sie stillschweigend geduldet/ Beitrag erschien in der Schweizer Wochenzeitung WOZ vom 27. Januar 2005 (Zugriff 30.08.2006)

Unicef: www.unicef.de/index.php?id=3108/ 24.11.05. *Neue UNICEF-Studie: Grausames Ritual weiter verbreitet als befürchtet- Jedes Jahr werden drei Millionen Mädchen beschnitten. (Zugriff 30.08.2006)*

Die Welt. de*:*

(a) www.welt.de/data/2003/05/12/91479.html/ *Zu nackt fürs Kaufhaus In den USA boomen fundamentalistische christliche Medien - Wal-Mart verbannt Männertitel aus dem Sortiment von Gerti Schön/ Artikel erschienen am 12.05.2003 (Zugriff 07.09.2006)*
(b) www.welt.de/data/2006/03/22/863464.html/ *Schluß mit lustig von Mariam Lau/ Artikel erschienen am Mi, 22. März 2006 (Zugriff 08.09.2006)*
(c) www.welt.de/data/2006/03/27/865669.html/ *Die Macht der Töne von Holger Kreitling/ Artikel erschienen am Mo, 27. März 2006 (Zugriff 07.09.2006)*

Welt am Sonntag: www.wams.de/data/2006/02/12/844616.html/-%20Artikel%20erschienen%20am%2012.%20Februar%-202006/%20Matthias%20Ehlert/ *Der Freund auf meinem Dach von Matthias Ehlert/ Artikel erschienen am 12.02.2006 (Zugriff 05.09.2006)*

Wikipedia: http://de.wikipedia.org/wiki/Pat_Robertson

Wissenschaft-online:

(a) http://www.wissenschaft-online.de/blatt/d_lex_treffer: In-vitro-Fertilisation/ (Zugriff: 06.09.2006)
(b) www.wissenschaft-online.de/artikel/611231. Klon- und Stammzellforschung : Ein aktueller Überblick/ (Zugriff 06.09.2006)

Zeitwissen. de: Vgl.: www.zeit.de/zeit-wissen/2006/01/*Kreationisten_USA.xml Keile für Darwin Von Eva von Schaper/ Zeit (Zugriff 04.09. 2006)*

Film

Die Geschichte der Dienerin: USA, 1989. Prod.: Daniel Wilson; Drehbuch: Harold Pinter. Regie: Volker Schlöndorff. 105 Min

Das Leben der Anderen: D, 2005. Regie, Buch: Florian Henckel von Donnersmarck. Buena Vista, 137 Minuten.

Anhang

Schöne neue Welt: Shakespeare-Zitate

Im krassen Gegensatz zu der übertriebenen Zukunftssprache und den erfundenen modernen Fachausdrücken, stehen die eher altmodischen Shakespeare Zitate, die durch den „Wilden" Michel eingestreut werden. Das Buch beginnt bereits im Vorwort mit einem Zitat aus Shakespeares *Der Sturm*.[142]

> „O Wunder! Was gibt's für herrliche Geschöpfe hier!
>
> Wie schön der Mensch ist! Schöne neue Welt,
>
> Die solche Bürger trägt!"

Der reale Kontext aus Shakespeare Der Sturm bezieht sich auf Miranda: Sie ist mit ihrem Vater auf eine Insel verbannt worden und sieht nach Jahren erstmals wieder andere Menschen. [143] Seit Michels Auftreten im sechsten Kapitel, zitiert dieser laut oder in Gedanken in unterschiedlichen Situationen Zitate aus Shakespeares Werken. Das jeweilige Zitat spiegelt Michels derzeitigen Gefühlszustand wider und unterstreicht diesen. Jedes Mal wird hierbei auch die krasse Gegensätzlichkeit der alten und der neuen Welt deutlich.

Der oben zitierte Gedichtsauszug kommt Michel zweimal über die Lippen. Beim ersten Mal spricht Michel das Zitat kurz vor seiner Abreise zur „schönen neuen Welt" aus. Er ist guter Dinge und freut sich auf die neue Welt, deren ersten zwei Bewohner, die er kennen gelernt hat, Sigmund und Lenina, ihn bereits positiv beeindruckt haben. Das zweite Mal, bei dem Michel dieses Zitat über die Lippen kommt, ist im elften Kapitel. Michel ist zu Besuch in einer Fabrik und bekommt die einzelnen Arbeitsweisen vorgeführt. Jeder Arbeitsvorgang wird von zig gleichgesichtigen, genmanipulierten Bokanowsky-Klonen durchgeführt, die sich simultan bewegen. Michel ist so angewidert, dass er sich übergibt und verwendet das Shakespeares Zitat nun ironisch, ihm ist bewusst geworden wie abscheulich die Bürger, Retorten-Sklavenarbeiter, der neuen Welt in Wirklichkeit sind.

---

142 Huxley, Aldous: *Schöne neue Welt* S. 7

143 Vgl. *Königs Erläuterungen und Materialien: Aldous Huxley Schöne neue Welt, S. 70*

Der Report der Magd: Biblische Namen

Der Staat Gilead gründet sich zum Großteil auf theokratische Grundsätze. Dies wird auch durch die Vielzahl der verwendeten biblischen Begriffe deutlich. Gilead ist „Das Gebiet östlich des Jordan, das sich vom Fluss Jarmuk (etwas südlich des Sees von Galiläa) bis zum nördlichen Zipfel des Toten Meeres hin erstreckt."[144] Ein weiterer biblischer Name ist das Bordell Jesebel. Von der Gattin des König Ahab von Israel wird im Alten Testament gesprochen. Unter ihrem Einfluss wurde er zum Götzendiener. Auch verführte er Israel zur Anbetung Baals. Von ihm wird gesagt, dass es keinen anderen gab, der den Götzen auf so abscheuliche Weise folgte.[145] Somit steht der Name Jesebel für etwas Verkommenes und Böses, der passende Name für ein Bordell, einer inzwischen offiziell moralisch verteufelten Einrichtung.

Woher der Name *Rahel- und Leah Zentrum* stammt, wird noch vor Beginn der eigentlichen Geschichte deutlich. Im Buch ist auf der ersten Seite das Bibelzitat aus 1. Mose 30, 1-3 abgedruckt. Rahel und Leah sind Schwestern, Rahel konnte keine Kinder bekommen und bat daraufhin ihren Mann Jakob mit der Dienerin Bilha zu schlafen, um auf diese Weise ein Kind zu zeugen. Auf diesen Spruch gründet sich beinahe das ganze Staats- und Religionsgebilde von Gilead. Hiermit soll die Ausnutzung der Dienerinnen als Gebärmaschinen durch ein Bibelzitat legitimiert werden.

Der Report der Magd: Lateinischer Spruch: Hirundo maleficis evoltat

Der Spruch den Desfred in ihrem Schrank entdeckt unterscheidet sich in der deutschen Ausgabe von *Der Report der Magd,* zur englischen „The Handmaid´s Tale". In der englischen Ausgabe heißt der Spruch „Nolite te bastardes carborundorum"[146], was in deutsch übersetzt etwa „Lass Dich von den Bastarden nicht unterkriegen" bedeutet. In der deutschen Ausgabe allerdings lautet der Spruch Hirundo maleficis evoltat [147], der Kommandant übersetzt ihn mit „Die Schwalbe entfliegt den Bösewichtern". Den Spruch hat die vorhergehende Desfred aus dem Schulheft des Kommandanten. Die Vorgängerin Desfreds hat sich zudem aufgehängt, sie ist also die durch Selbstmord entflohene

---

144 (a) www.bibelkommentare.de

145 (b) Vgl.: www.bibelkommentare.de

146 Atwood, Margaret: The Handmaid´s Tal S. S. 58

147 Atwood, Margaret: Der Report der Magd. S. 255

Schwalbe. Der Spruch der englischen Ausgabe gibt eine andere Aussage als Flucht, die Wortwahl „nicht unterkriegen" bedeutet zumindest inneren Widerstand, gegen die Unterdrücker zu bewahren, was der Vorgängerin Desfreds offensichtlich nicht gelungen ist.

Der Report der Magd: Unterdrückung der Frau

In patriarchalischen Gilead sind die Frauen in Klassen unterteilt, denen unterschiedliche Rechte zugesagt werden. Alle Klassen jedoch unterstehen der Männerherrschaft, alle Macht- und Kontrollpositionen sind somit von Männern besetzt. Die Mägde sind Sklavinnen und damit Nationaleigentum, optisch durch eine Tätowierung sichtbar gemacht. In Deutschland besitzen Frauen seit 1918 das Wahlrecht, daher ist die Frage der Gleichstellung der Frau, bis auf einige berufliche Differenzen, die heutzutage noch existieren, weit in den Hintergrund gerückt. Besonders seit 2005 die erste deutsche Bundeskanzlerin regiert. Nicht jedes Land hat eine derartige Entwicklung unterlaufen. Kuwait führte das Frauenwahlrecht beispielsweise erst im Jahre 2005 ein und in Ländern wie Brunei, Saudi-Arabien oder im Vatikan haben die Frauen bis heute kein Recht zu wählen. Am stärksten ähnelt die Frauen-Situation Gileads heutigen islamischen fundamentalistischen Staaten, in denen nach den Prinzipien der Scharia gelebt wird.[148]

Atwood schrieb ihren Roman 1985 und konnte demnach noch nicht wissen, das der fiktive Staat Gilead wenige Jahre später, in vielen Punkten, unter dem Regime der sunnitisch- fundamentalistischen Taliban tatsächlich umgesetzt wurde. Als diese 1993 in Afghanistan die Macht übernahmen hatten besonders die Frauen unter der Herrschaft der Taliban zu leiden. Zahlreiche Menschrechtsverletzungen wurden ausgeübt, die solche aus Gilead teilweise noch übertrafen. Frauen mussten ihren kompletten Körper mit dem so genannten Burka bedecken, ähnlich der Körperverschleierung der Mägde in Atwoods Roman. Frauenarbeit und das Verlassen des Hauses ohne männliche Begleitung waren für Frauen untersagt. Fatalerweise waren auch die Untersuchungen durch einen männlichen Arzt verboten und da die Frauen Berufsverbot hatten, gab es somit keinerlei Möglichkeit der ärztlichen Behandlung für Frauen. Würden die Mägde Gileads nicht als Gebärmaschinen gebraucht, stünde ihnen vermutlich ein ähnliches Schicksal zu. Auch die drakonischen Strafen, die beide Geschlechter

148 Bundesministerium für politische Bildung: (a) www.bpb.de/wissen/H75VXG.html

betrafen, treten hinter Gileads Rechtssystem kein Stück zurück. Amputation von Körperteilen bei mutmaßlichen Verbrechern und öffentliche Hinrichtungen, wie Steinigungen, ähneln den „Erweckungszeremonien" Gileads.

Öffentliche Hinrichtungen sind auch nach dem Sturz der Taliban nicht verschwunden. „Straftaten" können in Saudi-Arabien mit dem Tode bestraft werden, wie z. B. Prostitution, Homosexualität, nichtehelicher Geschlechtsverkehr und Gotteslästerung. Todesurteile werden mit dem Schwert vollstreckt und sind teilweise wie in Gilead öffentlich. Selbst der Sklavenstatus der Mägde Gileads ist keine Erinnerung an mittelalterlichen Zeiten, er wird sogar heute noch in Mauretanien praktiziert.

> „In Mauretanien existieren im Wesentlichen drei Formen der Sklaverei."..." Bei der ersten Form, die vor allem auf dem Land geläufig ist, handelt es sich um traditionelle Formen der Sklaverei. Der «Haussklave» muss für seinen Herrn alle anstrengenden und mühsamen Arbeiten verrichten und erhält dafür eine bescheidene Unterkunft und Verpflegung,...," „Tatsächlich weist alles darauf hin, dass es in Mauretanien auch im Jahr 2005 weiter Sklaverei gibt, wenn auch zum Teil in adaptierter und etwas «getarnter» Form."[149]

Die Herrschaft der Taliban ist in Afghanistan vorbei, doch auch in anderen Ländern sind Frauen bis heute weitgehend rechtlos. Wie in Saudi-Arabien oder dem Sudan, in beiden Ländern herrschen jedoch Bemühungen diesen Zustand zu mildern. So darf in Saudi-Arabien die Verschleierungspflicht bei einigen Anlässen umgangen werden und seit Sommer 2006 dürfen Frauen ohne die Erlaubnis ihres männlichen Vormundes einen Personalausweis besitzen. Ein weiteres leidiges Thema der Frauenrechtsverletzung, das bisher immer noch nicht überall verhindert werden konnte ist die so genannte Genital-Beschneidung.

> „Die Genitalverstümmelung von Mädchen ist weiter verbreitet als bislang angenommen: Jahr für Jahr werden weltweit drei Millionen Mädchen beschnitten. Dies ist das Ergebnis einer neuen Studie, die UNICEF anlässlich des Internationalen Tages gegen Gewalt an Frauen am 25. November veröffentlicht. Weltweit leben schätzungsweise 130 Millionen Frauen und Mädchen, deren Genitalien verstümmelt wurden. Die UNICEF-Studie wertet neue Daten aus Haushaltsbefragungen in 18 Län-

---

149 Uni-Kassel: www.uni-kassel.de/ Die Sklaverei wurde offiziell schon dreimal abgeschafft, tatsächlich aber wird sie stillschweigend geduldet

dern Afrikas und des Mittleren Osten aus. In Ägypten, Guinea und Sudan werden demnach mindestens 90 Prozent aller Mädchen beschnitten."[150]

Menschenrechtsverletzungen, besonders die Unterdrückung von Frauen, sind demnach seit dem Erscheinen des Romans vor 20 Jahren kaum zurückgegangen und heute immer noch so aktuell wie damals.

Der Mastercode: **Globalisierung**

In *Der Mastercode* haben sich in allen Wirtschaftsbereichen Unternehmen zu Weltkonzernen zusammengeschlossen, die das absolute Monopol über ihren Wirtschaftszweig besitzen.

Die Thematik Globalisierung [151] ist hochaktuell und der Begriff in aller Munde. Ursachen der heutigen Globalisierung sind der weltweite Warenverkehr sowie der zunehmende technische und digitale Fortschritt, insbesondere in den Kommunikations- und Transporttechniken. Moderne wirtschaftliche Industriezweige brauchen oft spezialisierte Waren oder Dienstleistungen, die in der heimischen Inlandswirtschaft zu teuer oder nicht zu finden sind. Sie sind deshalb auf internationale Zusammenarbeit angewiesen. Daher ist es nicht verwunderlich, dass der weltweite Warenhandel zwischen 1950 und 1998 um das 17-fache anstieg, während die Produktion von Gütern sich in derselben Zeitspanne nur um das 6-fache vergrößerte.

Wirtschaftliche Globalisierung ist prinzipiell nur in kleinem Ausmaße vorhanden, da der größte Teil der Weltproduktion immer noch auf eine kleine Anzahl von Industrienationen beschränkt ist. Dominierend ist hierbei u. a. die Europäischen Union mit einem Anteil von mehr als einem Drittel, während der gesamte afrikanische Kontinent hingegen nur einen Anteil von gerade mal zwei bis drei Prozent erreicht.

---

150 Unicef: www..unicef.de. Neue UNICEF-Studie: Grausames Ritual weiter verbreitet als befürchtet- Jedes Jahr werden drei Millionen Mädchen beschnitten

151 Bundesministerium für politische Bildung (b): http://www.bpb.de/wissen Globalisierung ist eine politisch-ökonomische Bezeichnung für den fortschreitenden Prozess weltweiter Arbeitsteilung. Da die politisch gesetzten Handelsschranken zwischen den Staaten zunehmend abgebaut werden und der Produktionsfaktor Kapital weltweit mobil und einsetzbar ist, ... wird zunehmend in solchen Staaten produziert, die die höchsten Kostenvorteile bieten...".

Befürworter eines „globalen Dorfes“ sehen in der Globalisierung eine Förderung des Wirtschaftswachstums und damit eine Erhöhung des allgemeinen Wohlstands. Außerdem wird die Warenvielfalt erhöht und die Produktionsfaktoren können weltweit effizienter eingesetzt werden. Durch länderübergreifenden Handel kann zudem ein Kulturaustausch angeregt werden, der gegenseitiges Verständnis fördern kann.

Ein häufiger Kritikpunkt ist jedoch das Vorantreiben der sozialen Ungleichheit, die auch McBain fürchtet. Denn die Globalisierung konzentriert sich vorrangig auf Wirtschaftsmärkte, Problembereiche wie Menschenrechte, Arbeitnehmerrechte oder Demokratie bleiben unberücksichtigt.

Viele Unternehmen haben sich bereits zu weltweit produzierenden, so genannten Global Players, zusammengeschlossen oder erweitert. Durch ihre internationale Flexibilität, haben sie die Möglichkeit, die unterschiedlichen Arbeitskosten und Steuerbedingungen in den unterschiedlichen Ländern zu Gunsten ihres Unternehmens zu nutzen. Kleinere Unternehmen, die nur auf nationalen Märkten operieren können, sind durch die Konkurrenz von international wirkenden Unternehmen vielfach in ihrer Existenz bedroht. Als Gegenmaßnahme legen diese z.B. Arbeitsplätze in "Billiglohnländer", was wiederum negative Rückwirkungen auf den heimischen Arbeitsmarkt hat. Bei McBain existiert die Kluft zwischen Billig- und Hochlohnländern nicht mehr, er sieht die Bedrohung aller Länder, in der gesellschaftlichen Kluft zwischen Arm und Reich.

Das Leben der Anderen: Idee zum Film

Erste Ansätze zur Idee des Films, hatte Florian Henckel von Donnersmarck schon während seines Studiums an der Münchner Filmschule. Unter dem Druck Filmentwürfe in kurzer Zeit entwickeln zu müssen, fiel ihm zunächst kein einziger Entwurf ein, bis er beim entspannten Lauschen der „Mondschein-Sonate“ von Emil Gilel, den zündenden Gedanken bekam. In seinen Kopf entstand das Bild eines Mannes, in einem trostlosen Raum, der mit Kopfhören auf den Ohren einer wunderbaren Melodie lauscht, die aber nicht seine eigene ist, sondern die er durch belauschen eines anderen hört. Er belauscht einen „Feind seiner Ideen, aber einen Freund seiner Musik“... Manche Musik zwingt einfach dazu, das Menschliche über die Ideologie zu stellen, das Gefühl über die Prinzipien, die Liebe über die Strenge."[152]

Genau diese Vorstellung schaffte Donnersmarck dann in seinem, acht Jahre später fertig gestellten Filmdebüt Das Leben der Anderen, als Gerd Wiesler in seiner Abhörzentrale Georg Dreymans Klavierspiel der „Sonate vom guten Menschen" von Beethoven lauscht. Ulrich Mühe, der die Hauptrolle des MfS-Hauptmanns Gerd Wiesler spielt und für diese Rolle 2006 den deutschen Filmpreis erhielt, hatte andere persönliche Beweggründe zur Annahme dieser Rolle. Für ihn gibt es vielerlei Bezugspunkte in dem Film Das Leben der Anderen, die ihn an seine eigene Geschichte erinnern. Er verbrachte die ersten 36 Lebensjahre in der ehemaligen DDR, wo er genau wie die Hauptpersonen des Films in der Schauspiel- und Theaterszene arbeitete. Zudem erfuhr er erst Jahre nach der Wende, dass seine Ex-Frau zum Zeitpunkt der gemeinsamen Ehe, vermutlich als so genannte Inoffizielle Mitarbeiter für die Stasi spioniert hatte. Trotz vieler Beweise, wurde eine eidesstattliche Erklärung durchgerungen, indem es ihm untersagt wird, diesen Tatbestand in der Öffentlichkeit zu äußern. Aus diesem Grund sind auch einzelne Textpassagen des Interviews mit Ulrich Mühe im Filmbuch Das Leben der anderen geschwärzt. Mühe litt wie viele ehemalige DDR-Bürger nach der großen Umstellung der Wende am so genannten „DDR-Phantomschmerz", trotzdem kam es ihm nie in den Sinn deswegen die Rolle abzulehnen, „sonst hätte ich das Gefühl, vor der eigenen Geschichte zu kneifen".[153]

152 Henckel von Donnersmarck, Florian: Das Leben der anderen, S. 170

153 Deggerich, Markus (u.a.): Das Drehbuch der anderen. In Der Spiegel. Nr. 18 2006. S. 152ff

Die Verbindung von Literaturwissenschaft und medienwissenschaftlichen Fragen ist von aktueller, rasch zunehmender Relevanz. Besonders ausgezeichnete Abschlussarbeiten der Hochschule der Medien Stuttgart (HdM) verknüpfen Forschung zur internationalen Gegenwartsliteratur mit Aspekten der Intermedialität und des Medienwechsels, etwa zu Film und Hörbuch, Drehbuch und Comic. Aspekte der Medienkritik, literarische Medienreflexion, Zielgruppenrelevanz und medienbedingte Generationenfragen werden ebenfalls berücksichtigt.

In der Schriftenreihe Literatur *und* Medien sind bisher erschienen:

Nina Waldkirch:
Der Trend zum Mystery-Genre in neuen Romanen und Filmadaptionen – Dan Brown, Arturo Pérez-Reverte und Wolfgang Hohlbein
(Band 1)
135 Seiten, 24,90 Euro, 2007
ISBN 978-3-8288-9365-8

Janina Glatz und Bernadette Henke
Der "American Dream" in US-Literatur und -Film der Gegenwart
Paul Auster, John Irving und der Film Forrest Gump
(Band 2)
153 Seiten, 24,90 Euro, 2007
ISBN 978-3-8288-9379-5

Julia Hachtel:
Die Entwicklung des Genres Antiutopie -
Aldous Huxley, Margaret Atwood, Scott McBain und der Film "Das Leben der Anderen"
(Band 3)
125 Seiten, 24,90 Euro, 2007
ISBN 978-3-8288-9397-9

Zeitfracht Medien GmbH
Ferdinand-Jühlke-Straße 7
99095 Erfurt, Deutschland
produktsicherheit@kolibri360.de